옳음

ONJIN
YOONJIN F
COLLECTION

서울미디어그룹
창사 50주년을 기념하며…

한국언론학회 제43대 문철수 학회장, 제46대 김춘식 학회장,
제47대 양승찬 학회장과 환담을 나누며 (2019년 11월)

제41회 전문신문 경영인 세미나에서 '미디어환경의 변화,
무엇을 준비해야 하는가' 주제발표 후 종합토론 중 (2018년 9월)

장준규 前 육군 1군 사령관과 북카페 조성 및
도서 기증식 진행 후 환담하는 모습 (2015년 3월)

제12회 대한민국소통어워즈 시상식에서
심사위원장 환영사를 전하며 (2019년 11월)

코로나19 확산 방지를 위해 고생하는 의료진에 대한 응원과 의료산업 발전을 위한 기부현장에서 강남세브란스 병원장을 비롯한 의료진과 함께 (2020년 6월)

인터넷신문윤리 국회 정책자문단 위촉식에서 (2017년 3월)

대한민국인터넷소통대상 시상식에서
노웅래 의원, 박지원 의원과 함께 (2018년 11월)

한국인터넷신문협회 주최 '인터넷신문인의 밤' 행사에서
수상자들과 함께 (2017년 12월)

'글로벌리더의 평판관리 의미와 방향'이란 주제로 특강 후
고려대 글로벌비즈니스 과정 학생들과 함께 (2017년 4월)

인터넷신문위원회와 한국소비자단체협의회 간의
업무협약식에서 (2016년 6월)

고성군 도서기증식 진행 후 함명준 군수와 함께 (2020년 6월)

목포대학교 정보통신법 전문가 양성과정 학생들과 함께 (2018년 11월)

한국인터넷신문협회 주최 '2019 인터넷신문의 날' 기념식에서
박양우 문화체육관광부 장관 및 인신협 관계자들과 함께 (2019년 7월)

글로벌경영학회 주최 동계국제학술대회에서
좌장으로서 토론회를 진행하며 (2017년 11월)

'서울미디어그룹 송년의 밤' 행사에서 임직원들과 함께 (2018년 12월)

인터넷신문위원회 주최 '선정성, 자율규제의 길을 묻다'
주제 토론회에서 참석자들과 함께 (2018년 11월)

COLUMN

올흥음

독서신문 발행인

방재홍 칼럼모음집

글 방재홍

도서출판 새빛
SAEVIT

추천사

국민의당 당대표 안철수

30여 년간 묵묵히 독서신문을 지켜온, 독서하는 국민의 영혼을 수호해온 방재홍 발행인의 글을 뜨거운 가슴으로 맞이합니다. 언론학 전문가로서 그의 시선은 늘 날카롭게 한국사회의 현안을 꿰뚫어 직시했고, 그의 글은 우리 사회의 가장 낮은 곳까지 포용하는 혜안을 제시해왔습니다.

저 스스로도 열네 권의 도서를 집필한 작가입니다. 책을 워낙 좋아하고 독서의 중요성을 누구보다 잘 알고 있습니다. 책을 쓰며 생각을 나누고 독자와 교감하는 것만큼 즐거운 일이 어딨겠습니까? 방 발행인의 그러한 마음이 온전하게 느껴지는 책입니다.

달리기가 몸을 건강하게 해준다면 독서는 마음과 영혼을 건강하게 해줍니다. 독서문화를 지키는 일이 곧 국민의 영혼을 지키는 일임을 말하는 방 발행인의 글을 읽을 때는 더욱더 그런 생각이 들곤

했습니다. 우리 사회를 바로잡는 고언을 아낌없이 쏟아내 온 방 발행인의 글은 방대한 독서에 그 뿌리를 두고 있습니다.

살면서 등대와 같은 존재를 만나는 것은 행운입니다. 풍파가 몰아치는 바다에서 늘 그 자리에 서 있으면서, 묵묵히 가야 할 길을 비추는 등대. 저에게는 방 발행인이 그러했고, 그의 글이 그러했습니다. 그의 글을 읽고 내가 어디쯤에 있는지, 또 어디로 가야 하는지를 생각해볼 수 있었습니다.

방 발행인의 글을 한 권의 책으로 읽을 수 있다는 것은 축복입니다. 더구나 독서신문이 창간 50주년을 맞이하는 시점이기에 이 책은 더욱 그 가치가 있습니다. 이 책을 통해서 독서신문의 역사와 함께해 온 숭고한 정신을 온전히 느끼길 바랍니다.

추천사

더불어민주당 국회의원 **송영길**

〈독서신문〉 창간 50주년이라는 소식을 접하는 순간 가슴이 뭉클했습니다.

하나는 독서신문의 어제와 오늘을 잘 알고 있는 독자이기 때문입니다. 어두웠던 시절에 산소 같은 신문, 오직 독서인구 증대만을 목표로 창간한 신문이자, 독서를 좋아하는 수많은 독서인들에게 빛과 소금이 되어준 신문이기 때문입니다. 또 하나는 오늘의 독서신문을 독자들의 가슴속에 굳건히 뿌리내려준 발행인 서울미디어그룹 방재홍 회장에 대한 진심 어린 고마움 때문입니다.

참 맑고 깨끗한 분입니다. 방 회장의 소년 같은 용기와 소신이 없었다면 오늘의 독서신문 50돌은 가능했을까요? 저는 감히 불가능했다고 생각합니다. 전국의 수많은 독자들과 함께 독서신문 창간 50돌을 축하드리며, 아울러 지난 반세기 동안 모진 어려움 속에서도 독서신문을 중단 없이 이끌어온 방 회장의 칼럼집 '옳음'의 출간을 진심을 담아 축하드립니다.

산업화, 민주화, 정보화 시대를 넘어서 4차산업혁명으로 향하고 있는 길목에서 언론학자이자 참 경영인인 방 회장의 영혼을 담은 칼럼집 '옳음'이 존경하는 독서인들과 우리 시대를 이끌어갈 후배 동량 지재들에게 큰 귀감이 되길 간절히 기도합니다.

추천사

더불어민주당 국회의원 노웅래

〈독서신문〉의 역사는 대한민국 독서문화의 역사입니다. 〈독서신문〉이 걸어온 길은 외롭고 힘든 길이었지만 '책 읽는 대한민국'을 위해서 누군가는 꼭 해야 할 일이었습니다. 독서문화 발전을 위해서 묵묵히, 지금도 이 자리를 지켜 오시는 〈독서신문〉을 진심으로 응원합니다.

이처럼 훌륭한 〈독서신문〉을 이끌어 오신 방재홍 발행인은 〈이뉴스투데이〉 발행인, 서울미디어그룹 회장, (사)인터넷신문위원회 위원장으로 활발하게 활동을 하시면서도 촌철살인의 칼럼을 끊임없이 집필하며 언론인의 사명도 게을리하지 않았습니다.

방재홍 칼럼은 잘못은 따끔하게, 아픔은 따뜻하게 위로하며 우리 사회가 나아갈 방향을 제시해 왔습니다. 방재홍 칼럼 모음집 '옳음'은 훌륭한 마음의 양식이면서 동시에 우리 시대의 기록입니다.

방재홍 칼럼 모음집 '옳음' 출간을 다시 한번 축하드리며 일독을 권합니다. 책 읽는 대한민국을 향한 독서신문과 방 발행인의 열정에 감사드리며, 무궁한 발전을 기원합니다.

추천사

미래통합당 국회의원 박성중

활자의 시대에서 이미지의 시대로, 이미지의 시대에서 영상의 시대로 전환된 지는 이미 오래됐습니다. 그럼에도 불구하고 여전히 활자를 만지고, 읽고, 보듬는 사람이 있습니다. 바로 〈독서신문〉의 방 발행인입니다. 그의 글은 독자들에게 언제나 '책 읽기'에 관한 깊은 사유를 전합니다.

본서의 저자인 방 발행인이 1993년 이래 27년간 몸담고 있는 〈독서신문〉은 지난 1970년 창간 이래 50년 동안 '민족문화 창달'과 '독서인구 증대'를 목표로 줄기차게 달려온 대한민국 대표 종합 문화 교양지입니다. 반세기에 걸쳐 독서문화의 활성화를 위해 매진해온 방 발행인의 인문학적 통찰이 담긴 칼럼들을 한 권의 책으로 묶었다니! 이는 일반인들은 물론 특히 출판 관계자들에게는 선물과도 같은 책일 것으로 사료됩니다.

독서의 시간을 상실해 가는 이 시대에 책 읽기의 중요성을 강조하는 〈독서신문〉, 그런 〈독서신문〉을 이끌고 있는 대한민국의 '독서문화 파수꾼' 방 발행인. 지난 50년간 책 읽는 대한민국을 만들기 위해 노력했던 그의 발걸음에 경의와 찬사를 보내며, 금번 출간 서적 『옳음』을 통해 방 발행인의 시대를 보는 통찰과 안목이 오늘을 살아가는 독자들에게 좋은 영향을 미치길 기대해 봅니다.

추천사

건국대학교 前 총장 민상기

책 읽지 않는 시대에 꾸준히 독서의 가치를 일깨우는 따듯한 사람이 있습니다. 방재홍 발행인이 그렇습니다. 옆에서 지켜본 방 발행인은 언제나 책과 치열하게 교감하고 소통하는 사람냄새가 듬뿍 묻어나는 사람입니다. 세상의 일들을 함부로 재단하지 않고, 늘 책을 통해 문제해결의 실마리를 찾곤 하는 인본주의자, 방 발행인의 칼럼집 '옳음' 출간은 그래서 더욱 반갑고 우리 독자들을 흥분시킵니다. 이 책에 실린 글들은 그가 온 몸으로 겪었던 시대와 나눴던 대화의 창이자 얼굴이라고 생각합니다.

전한시대의 역사가 사마천은 일찍이 "배우길 좋아하고 깊이 생각하면 마음으로 그 뜻을 알게 된다"고 말했습니다. 배움의 근간은 독서로 인한 사유(思惟)의 확장일 텐데, 저자의 글속에는 분명 사유 혹은 지혜라 부를만한 것들이 절절하게 녹아있습니다. 사유와 지혜가 깃든 글은 감정과 미문(美文)으로 점철된 글이 아니라 솔직하고 유익한 글이기 때문에 더욱 공감이 갑니다.

책은 어머님과 같다고 늘 생각하기에, 책은 내게 가장 가까운 친구입니다. 차안에서 그리고 잠들기 전 머리맡에 책을 두고 자는 습관이 배어있는 내게 안긴 소중한 선물, 평소 존경하는 방 발행인의 칼럼집 〈옳음〉이 더욱 우리 사회를 솔직하고 사려 깊은 독서인들의 세상으로 채워주길 희망합니다. 다시 한 번 그의 풍부한 독서로 인한 깊은 삶의 통찰이 독자들의 마음에 오롯이 가닿길 간절히 희망합니다.

추천사

한신대학교 교수 **문철수**

우리는 살아가면서 책을 통해 많은 지혜를 얻게 됩니다. 세대를 불문하고 영상이 대세인 시대이긴 하지만 교육 현장은 물론 사회 모든 영역에서 책 읽기에 대한 중요성이 강조되는 이유이기도 합니다. 이러한 독서의 중요성을 우리 곁에서 꾸준히 깨우쳐준 독서신문이 올해로 창간 50주년이라는 뜻깊은 기록을 세우게 됐습니다. 독서신문은 지난 반세기 동안 독서문화 창달을 위해 묵묵히 노력해 왔고, 독서의 진정한 의미와 필요성을 밝혀 주었습니다. 이처럼 독서를 주제로 오랜 기간 품격을 지키며 발간된 신문은 세계 어느 곳에도 없을 것입니다. 또한 독서신문은 시대의 변화에 부응하기 위해 지난 2007년 5월에는 인터넷판을 발행했고, 2017년부터는 참신하고 현대적 감각의 디자인을 바라는 독자들의 요구에 부응해 타블로이드 판형에서 휴대하기 간편한 잡지 판형으로 혁신적 변화를 가져왔습니다.

그간 여러 어려움 속에서도 우리나라 독서문화 발전을 위해 일조하겠다는 신념과 자부심을 갖고 독서신문을 진두지휘해 온 방재홍 발행인이 지난 10여 년간 신문에 게재한 칼럼과 사설들을 모아 칼럼집을 발행하게 되었습니다. 비단 독서 분야에만 국한되지 않고 우리 사회에 산적한 문제점들에 대해 어느 쪽에 치우침 없이 날카롭게 해결책을 제시하고 있습니다. 현재 인터넷신문위원회 위원장으로 우리나라 인터넷 언론 발전을 위해 애쓰고 계신 방재홍 독서신문 발행인의 옥고가 하나의 책으로 묶여 많은 독자분들에게 소개될 수 있어 매우 기쁘게 생각하며, 독서신문의 무궁한 발전을 기원합니다.

머리말

인생사(人生史)란 눈금자 한쪽 끝엔 '옳음'이 있고, 다른 쪽 끝엔 '그름'이 자리하는데, 어쩌면 우리네 인생사는 그사이 어딘가를 끊임없이 오가며 삶의 궤적을 그려내는 저울추인지도 모른다. 때로는 옳음에 가까이, 때로는 그름에 가까운 삶을 살아가지만, 사실 그런 다변성을 인정하는 사람은 많지 않다. 대다수 사람은 자신의 기준점을 '옳음'으로 간주하고 다름을 틀림으로 싸잡아 그름으로 간주한다. 때때로 포용의 아량을 베풀기도 하지만, 그것 역시 나란 기준점으로 멀리 떨어진 것부터 '(최악보다는)나음' '(개중에 그나마)좋음' 등 주관적 잣대로 구분할 뿐 자신을 옳음으로 규정하는 자기 긍정엔 변함이 없다. 인간의 본성이 본디 그러하니까.

그래서 본성에 순응하는 삶은 늘 위태롭다. 우리네 본성은 내가 생각하는 옳음과 배치되는 모든 것을, 심지어 다름까지도 그름으로 규정한다. 세상을 보수적 관점에서 보완하려 하든, 진보적 시각에서 혁신하려 하든, 그런 '다름'은 기본적으로 옳음을 전제하지만, 자신의 관점을 절대적 옳음으로 규정할 때 그름으로 치우치기 쉽다. 빵을 분배함에 있어 무조건 1/n로 나눌 수도, 개인의(식량 비축) 형편을 고려해 차등 분배할 수도 있지만, 전자는 빈곤을, 후자는 도덕적 해이를 낳을 수 있기 때문이다. 결과적으로 옳음과 옳음의 합이 꼭 옳음일 수 없고, 옳음의 분리 역시 절대 옳음이라 할 수 없다.

물론 나 역시 그런 옳음의 함정에서 자유로울 수 없다. 때로는 다름을 틀림으로 오인하는 그릇된 판단에 빠져 옳음에서 빗겨났다. 그럴 때면 '똑바로 쓰라'는 독자의 질책 앞에 무릎 꿇어야 했고, '알고 쓰라'는 지적엔 독서의 한계를 절감했다. '힘있게 쓰라'는 주문에는 안이한 필력을 탓했다. 독자의 호령을 담은 펜의 무게를 감당하기 어려웠지만, 그럼에도 논리적 옳음이 아닌 윤리적 옳음을, 진영적 옳음이 아닌 원칙적 옳음의 가치를 되새기며 옳음에 관한 기록을 〈독서신문〉 칼럼에 담았고, 그중 일부를 고르고 골라 한권의 책으로 묶었다.

20세기 최고의 철학자로 손꼽히는 사르트르는 "철학자는 늘 죽음을 생각하는 사람"이라고 했는데, 난 "언론인은 늘 옳음을 추구하는 사람"이란 생각을 가슴에 새기며 살아왔다. 나와 타인, 더 나아가 사회의 옳음을 논하는 일은 조심스럽고 힘에 부치는 일이지만, 그럼에도 현시대가 그 어느 때보다 옳음에 집중해야 할 때라는 일념으로 기록하는 이의 삶을 살아왔다.

칼럼의 작은 목소리가 마치 수면을 몇 번 튀기고 포말 속으로 사라지는 물수제비 같다 해도 언젠가는 물 건너 저 편에 닿을 수 있다는 기대마저 저버릴 수는 없다. 어느 시인은 누구나 마음속에 섬 하나 있다고 했다. '그래도'라는 섬. 세상이 뭐라 해도 그래도 옳음을 이야기해야 하고 그래도 옳음을 사랑해야 하고 그래도 옳음을 서로 나눠야 한다. 이 책을 통해 누군가라도 옳음을 이야기하고 사랑하고 나눈다면 더 없는 기쁨이겠다.

목차

추천사

머리말

01 경제 산업

02 정치 사회 언론

목차

03 교육 문화 역사

04 독서 출판

Economic Industry

01

01

경제 산업

경제약소국에 귀 기울여야

캐나다에서 열린 G20 정상회의에도 무력으로 시위하는 수만 명의 시민들이 경찰과 격렬하게 대치하는 사태가 발생했다. 전 세계 외신은 이 격렬한 시위에 주목했고 위기에 빠진 세계경제의 심각성과 책임성에 진지한 숙려가 필요함에 공감했다.

G20은 종전의 G7에서 신흥 경제강국 13개국을 받아들여 만들어졌고 우리나라는 오는 11월 서울에서 이 회의를 개최한다. 작년 G20 정상회의 때 런던과 피츠버그에서 대규모 반대시위가 있었던 것에 이어 올해 토론토에서도 정책실패에 기인한 국제금융위기에 대한 책임추궁 및 다국적 기업과 은행 등 거대자본가들에 대한 국제적 비판 여론을 주장하는 시위대의 표현은 매우 매서웠다.

G20만 놓고 보더라도 '국제레짐(국제관계의 행위자들이 일정 영역에서 합의한 원칙과 규칙, 규범 등을 통틀어 이르는 말)'의 형성과 발전은 빛과 그림자 양면을 모두 가지고 있음을 알 수 있다. 즉, 레짐이 공통 문제를 해결하는 데 효과적이지 못할 뿐만 아니라 강대국의 이익만을 반영하는 경우

가 많다는 것이다. 국제레짐의 대표격인 IMF의 경우, 분담금에 따라 투표 권한에 차이를 둔다. 85%찬성으로 안건을 통과시킬 수 있지만 미국의 분담금 비율이 16%이기 때문에 실질적인 거부권을 가졌다고 볼 수 있다.

세계 각 국이 국제공조에 나서고 평등한 합의에 이르는 것은 어렵다. 또, 현대의 강대국들은 현재의 기득권을 쉽게 포기하지 않는다. 이런 난항에도 불구하고 미래의 국제사회는 각국의 사명감과 경우에 따라서는 국제사회의 압박에 의해 국제공조가 강화되고 전 세계적 공동체를 향해 나갈 것이다. 이 흐름에서 미국 등 강대국이 경제 약소국에 대한 이해가 아닌 근대적 계몽주의로 접근한다면 그것이 비록 선의일지라도 전 지구적 반발여론을 맞게 될 것이다.

세계 곳곳에서 나오는 다양한 목소리를 지혜롭게 하나로 모으겠다는 마음가짐부터 다시 되돌아봐야 한다.

2010년 7월 4일 - 독서신문 1493호

평창의 과제

지난 7월 6일 자정 남아프리카공화국 더반에서 날아온 소식은 온 국민을 감격과 성취의 기쁨으로 몰아넣기에 충분했다. 두번의 뼈아픈 좌절을 겪은 뒤 삼세번의 도전으로 얻어낸 동계올림픽 유치이기에 더욱 값지고 뜻 깊었다. 참으로 오랜만에 국민들에게 안겨준 큰 선물임에 틀림없다.

현대경제연구원은 평창 동계올림픽의 직 · 간접적 경제효과를 65조원으로 추정했다. 그러나 이 수치는 가정에 의한 추산치로 빈틈없는 전략을 세워 경제적 효과를 극대화하려는 체계적인 노력이 뒷받침될 때 달성 가능하다.

첫째, 경기장이나 숙박시설 등 각종 인프라들은 대회 후 어떻게 활용할 것인가까지 고려해 설계돼야 한다. '2002 한 · 일 월드컵'을 위해 지어진 경기장 대부분이 수지를 맞추지 못해 천덕꾸러기 신세를 면치 못하고 있다.

둘째, 개최국 위상에 걸맞은 경기력을 확보해야 한다. 개최국의 성적은 당장의 대회 흥행에 영향을 미친다. 7년이라는 시간이 남아 있는 만큼 정부와 재계가 힘을 합쳐 선수양성에 나서야 한다.

셋째, 중장기적으로 국가브랜드 제고와 같은 무형의 효과를 극대화해야 한다. 삼성전자 · 현대차 · LG전자 등 글로벌 기업들이 세계 시장에서 두각을 나타내고 있는 것이나 유럽의 K-POP 열풍 등은 제품이 잘 만들어지고, 우리 문화 수준이 갑자기 높아져서만은 아니다. '2002 한 · 일 월드컵' 이후 높아진 국가 브랜드가 우리 기업과 제품에 대한 호감도를 견인하고 우리 문화에 대한 세계의 관심을 높였기에 가능한 것이었다.

마지막으로 우리의 국격을 높이는 대회가 되려면 문화올림픽과 생태올림픽이 되기 위한 노력을 소홀히 해서는 안 된다. '문화'와 '환경'이라는 두 가지 키워드를 무시한다면 후진적인 대회라는 평가를 벗어나기 어렵기 때문이다.

올림픽이 열리는 오는 2018년은 1인당 국민소득이 3만 달러를 넘어서서 선진국으로의 도약을 꿈꾸는 시기일 것이다. 이때 세계가 우리를 주목하게 될 평창 동계올림픽은 대한민국 국가 브랜드 파워를 제고하는 중요한 디딤돌이 될 것이다.

2011년 7월 17일 - **독서신문 1514호**

가계대출 중단 유감

주요 시중은행들이 이달 말까지 가계대출을 전격 중단하는 결정을 내렸다. 일부 고정금리와 전세자금, 서민대상 희망홀씨를 제외한 신규 가계대출은 대부분 전면 중단되고 말았다. "명시적 지시를 받은 것은 아니지만 당국이 최근 가계대출 증가 문제를 지속적으로 제기해왔던 데 따라 자발적으로 협조한 것"이라는 은행들의 설명이다. 지난 6월 발표된 정부의 가계부채 대책에도 불구, 증가세가 지속되고 있고 최근에는 신용대출까지 덩달아 늘어 당국의 여신억제 방침에 선제적으로 협조하는 차원이라는 것이다.

시중은행들이 신규 가계대출을 억제하는 것에 대해 전문가들은 "가계부채 자체는 그 규모를 줄여야 한다"면서도 "갑작스러운 가계부채 중단은 금융소비자들을 무시한 처사로 오히려 가계부채를 부실화시킬 수 있다"고 우려했다. 가계부채의 시급한 구조조정을 위해서는 서민금융 활성화나 복지체계의 구축 등이 대안으로 마련돼야 한다는 의견이 많다.

갑자기 돈줄이 막힌 서민들의 자금난도 높아질 것으로 지적됐다. 현대경제연구원 박덕배 연구위원은 “생계를 위해 돈을 빌리려는 사람은 대출이 어렵게 되면서 상당한 타격을 입을 수 있다”면서 “이는 오히려 가계부채 문제를 경착륙시킬 수 있다”고 경고했다. 제2금융이나 대부업체를 찾는 소비자가 늘면서 금리 부담이 더 증가하는 것도 문제다.

이유가 무엇이든 시중은행들이 집단적으로, 그것도 사전 예고도 없이 가계대출을 전면 중단한 것은 은행이기를 포기한 것과 다를 바가 없다. 대출 증가율을 일정 비율 이내로 억제하라는 당국의 직접적 요구가 있었다고 해도 그렇다. 대출 잔액을 서서히 조정해가는 점진적 방법을 따랐어야 했다. 만일 당국의 은밀한 지시가 있었다면 이는 책임자를 밝혀내 엄히 문책해야 할 일이다.

2011년 8월 21일 - 독서신문 1516호

한·미 FTA의 과제

지난 2007년 6월 타결된 한 · 미 자유무역협정(FTA)이 진통 끝에 11월 22일 국회를 통과했지만 여전히 해결해야 할 과제가 산적해 있다. 비준안이 통과되면서 양국간 교역규모가 커지고 우리 기업들의 활동 무대가 더욱 넓어지게 됐다. 시장확대와 관세인하 효과에 대한 기대감도 높다.

그러나 농축수산업 등 여러 산업의 피해도 불가피하다. 중소기업과 소상공인 등의 위험요소도 한 번 더 들여다봐야 한다. FTA 협정문에 맞춰 하위법령을 제 · 개정하는 과정에서 불이익이 예상되는 산업에 대한 적극적인 안전장치를 검토할 필요가 있다는 것이다.

농축수산업의 피해 대책 마련은 최대 당면과제다. 상대적으로 미국에 비해 경쟁력이 떨어지는 농축수산업은 한 · 미 FTA 발효 시 직격탄을 맞게 된다.

지난 8월 대외경제정책연구원 등 10개 국책 연구기관은 한미 FTA 발효로 농축수산업에서 대(對)미 무역수지가 향후 15년간 연평균 4억3000만 달러의 적자가 발생할 것으로 분석했다. 수출은 정체 현상을 보이는 반면 수입이 크게 늘어나는 데 따른 것이다.

우리나라가 지난 7월 축산 강국인 유럽연합(EU)과의 FTA를 발효시킨 데 이어 역시 농업강국인 호주, 캐나다와의 FTA 체결을 앞두고 있어 농축수산업 피해 규모는 더욱 커질 것이라는 관측도 나온다.

FTA 발효에 따른 대책이 농축수산업에 집중돼야 한다는 지적이 나오는 것도 이 때문이다. 대규모 피해보전 예산 투입과 함께 국내 농축수산업을 보호할 수 있는 안전장치를 강화해야 한다는 것이다. 가장 시급한 안전장치로는 농민단체와 정치권에서 요구하는 현행 피해보전직불제 개선과 FTA 이행지원금 조성, 정책자금 금리 인하 등 대책 등이 거론되고 있다.

한 · 미 FTA가 국내 산업 전반의 업그레이드와 함께 우리 경제의 안정적 성장판이 될 수 있도록 지혜를 모을 때다.

2011년 11월 27일 - 독서신문 1521호

'제2의 카드대란' 우려

카드사들이 몸집 불리기로 박리다매를 추구한 탓에 과열경쟁 양상이 벌어지고 있다. 이 때문에 '제2의 카드대란'을 우려하는 경고음이 나오지만 카드업계에는 '마이동풍'이다.

금융감독원에 따르면 지난해 말 기준 카드대출 잔액은 28조 2,000억원으로 1년 새 3,000억원이 증가했다. 부실 정도를 나타내는 카드대출 연체율은 1.91%로, 가계대출 연체율 0.67%의 3배 수준이었다.

카드대란이 재발한다면 2002년 당시보다 더 큰 경제 · 사회적 충격이 예상되는 만큼 정부는 선제적 대책 마련에 적극 나서야 한다. 신용카드사의 대출을 줄이기 위해서 먼저 금융당국은 무분별한 카드 발급과 대출경쟁을 자제하도록 감독해야 한다. 그러나 이러한 감독과 규제만으로는 충분한 효과를 얻기 어렵다. 높은 금리로 수익을 낼 수 있는 시장을 카드사들은 포기하지 않기 때문이다.

따라서 금융당국은 카드사의 높은 금리를 낮추도록 규제할 필요가 있다. 금리가 낮아져 과도한 이윤이 남지 않아야 카드사들은 무분별한 카드 발급을 중지하고 과당경쟁으로 대출을 늘리는 것을 자제할 것이기 때문이다. 카드사의 금리가 낮아질 경우 대출이 부실화되는 것을 막을 수 있는 이점도 있다. 금리가 낮아지면 가계의 대출이자 부담이 줄어든다.

그러나 은행권도 마찬가지지만 여신전문회사의 대출을 급격히 줄이는 데에는 신중해야 한다. 가계대출이 늘어나는 근본적인 원인은 일자리는 없고 경기가 침체되기 때문이다.

이는 가계대출의 절반이 생계형 가계대출이라는 점에서도 잘 나타나고 있다. 가계대출 증가의 근본 원인에 대한 대책 없이 가계대출을 회수할 경우 부실대출이 늘어나 금융위기가 초래될 수 있다.

올해와 같이 유럽 재정위기와 이란 사태로 외부의 충격이 예상되는 경우 가계대출의 급격한 회수로 금융시장에 충격을 주는 것은 신중해야 한다.

2012년 2월 5일 - **독서신문 1524호**

엥겔계수 상승

지난해 전체 가구의 엥겔계수가 2005년 이후 6년 만에 최고치를 기록했다. 소득 1분위(소득 하위 20%에 속하는 가구)의 엥겔계수 역시 6년 만에 최고치다. '엥겔계수'는 '소비지출 중 비주류(非酒類) 음료를 포함한 식료품비가 차지하는 비율'로 소득이 적을수록 높아진다. '엥겔계수가 높아졌다'는 것은 살림살이가 팍팍해졌다는 뜻이다. 소득이 줄어도 식비 지출은 줄이기 힘들기 때문이다.

경제 침체 속에 물가가 크게 오르면서 서민들의 삶의 질이 추락하고 있다. 뒷걸음질치고 있는 엥겔계수가 무엇을 뜻하는지 정부는 뼈아프게 새겨들어야 한다. 먹고 살기가 더 힘들어진 서민가계의 부담을 덜어주기 위한 물가 안정과 일자리 창출, 저소득층 소득 확대 등에 적극 나서야 한다.

서민들의 엥겔계수가 상승하고 있음에도 불구하고 정부는 올해 들어 팔짱을 끼고 있는 듯한 인상이다. 대통령과 장관까지 나서 '물가와의 전쟁'을 선포하며 공무원들을 닦달하던 지난해와 비하면 오히려 조용하다. 벌써 휘발유 값이 리터당 2,000원을 훌쩍 넘어섰고, 음식값도 줄줄이 올라 "5,000원으론 짜장면 · 김밥밖에 못 먹는다"는 소리가 나온다. 이명박 정부의 임기말 레임덕과 선거철까지 겹쳐 공직자들이 '몸 보신'에 급급하다는 비판이 나올 정도다.

엥겔계수가 높아진 것은 생활물가의 급등 탓이 크다. 작년 소비자 물가 상승률은 4.0%였는데 이 가운데 식료품 물가는 8.1%나 올랐다. 서민 생활의 주름살을 조금이라도 펴주자면 최우선적으로 생활물가가 안정돼야 한다.

중장기적으로는 사회안전망 사각지대 해소 및 복지제도의 정비, 자립 역량을 키워 일자리를 창출하는 '생산적 복지' 등을 해결책으로 들 수 있겠지만 당장 피부에 와닿지는 않을 것이다. 선거철엔 돈이 풀려 물가가 더욱 불안해진다. 물가 하나만이라도 제대로 잡겠다는 강력한 의지가 정부와 정치권에서 나와야 한다.

2012년 3월 13일 - **독서신문 1526호**

국민연금 고갈

국민연금의 고갈 시기를 놓고 논란이 분분하다. 지난 2008년 정부가 실시한 국민연금 재정 추계 때 기금 고갈 시점을 오는 2060년으로 예측했으나, 실제로는 이보다 11년이나 빠른 2049년에 기금이 바닥날 것이라는 학계의 연구 결과가 나온 것. 한국경제학회(회장 이만우 고려대 교수)가 3월 23일 고려대 정경관에서 '국민연금과 재정'을 주제로 연 정책 세미나에서 박유성 고려대 통계학과 교수는 이 같은 내용의 연구 결과를 발표했다.

박유성 교수는 "정부가 국민연금 재정 추계 시 적용한 인구 추계, 가입자 추계, 수급자 추계 등이 지나치게 낙관적"이라고 주장하고 있다. 박 교수의 추정이 옳다면 보통 심각한 문제가 아니다.

국민연금이 도입된 1988년 당시엔 고성장기였고 인구도 꾸준히 늘어 문제가 없었다. 지금 연금 수령자들은 낸 돈에 비해 최대 8배까지 받는 혜택을 누려, 최근엔 주부 등 임의가입자들이 급증하는 추세다. 하지만 국민연금은 '노후대비 저축'이라는 국민의 인식과 달리, 현역 세대로부터 갹출한 돈으로 고령자에게 연금을 지급하는 구조다. 계속해서 새로운 가입자가 들어와야 유지되는 일종의 '금융 피라미드'인 셈이다. 문제는 연금을 받을 고령자는 눈덩이처럼 불어나는 반면, 돈을 낼 젊은 세대는 더 빠르게 줄어드는 것이다.

연금 고갈을 막으려면 연금보험료를 현재 9%에서 2배가 넘는 19%까지 높여야 한다는 분석까지 이미 나와 있다.

여야 정당들은 시한폭탄이나 다를 것 없는 연금 문제는 아예 언급을 회피한다. 오히려 복지 퍼주기로 유권자에게 아부하기 바쁘다. 연금 문제를 모른 체 하는 그 어떤 복지공약도 국민을 기만하는 것이다.

나라의 미래를 제대로 고민하는 정당이라면 이번 총선과 다가올 대선에서 국민연금 대개혁 방안부터 공약으로 내걸고 맞붙어야 마땅하다.

2012년 3월 25일 - 독서신문 1527호

지자체 재정 위기

지방자치단체가 심각한 재정 위기를 맞고 있다. 인천시가 시 공무원들의 복리후생비 20여억원을 제때 지급하지 못하고 새로운 수입이 생긴 뒤에야 돌려 막았다는 뉴스는 드러난 하나의 사례에 불과하다.

행정안전부가 지난해 말 기준으로 파악한 바에 따르면 예산 대비 채무비율이 25%를 넘어 '주의' 단계인 지자체가 인천을 포함해 광역 3곳, 기초 1곳 등 4곳이나 된다. 10~25%로 '주의' 단계로 올라갈 우려가 있는 지자체는 57곳에 달한다. 이렇게 지자체의 4분의 1 정도가 빚더미에 올라 있다.

지자체의 재정난이 심각해진 것은 단체장들이 임기 내에 가시적인 성과물을 만들어 다음 선거에 활용하려는 태도가 가장 큰 이유다. 또 지나친 홍보성 행사와 과도한 건설, 개발 사업을 하면서 막무가내로 지방공사채를 발행하기 때문이다. 지자체 재정 위기의 책임은 해당 지자체에 있음은 물론이다.

2006년 파산을 선언했던 일본 홋카이도(北海道) 유바리(夕張)시는 파산 이후 공무원의 절반이 구조조정됐고, 살아남은 공무원도 임금 절반을 삭감했으며, 버스값은 인근 도시의 3~4배까지 오르고, 세금은 늘고 복지는 주는 등 시와 시민 전체가 처절한 구조조정을 해야 했다.

이 단계까지 가지 않으려면 지자체 스스로 뼈를 깎는 구조조정을 하는 것 외엔 방법이 없다. 빚더미 지자체들은 선심성 행정과 과시형 공사 계획을 중단하고, 불요불급한 지출을 줄이고, 공무원 수를 줄이는 등 지금 당장 자구노력에 나서야 한다.

전국 지방자치단체들은 인천시를 반면교사로 삼아 건전한 예산 편성과 집행을 위해 최선을 다해야 한다. 행정안전부도 지자체들의 재정 상태를 분석해 문제가 있는 지자체를 공개하고 재정건전화 계획을 이행하도록 해야 한다. 그래도 말을 듣지 않을 경우 지방채 발행을 제한하고 교부세를 줄이는 등 고강도 압박이 있어야 한다.

2012년 4월 8일 - 독서신문 1528호

한국의 국가경쟁력

한국의 국가경쟁력이 세계 22위로 조사됐다. 인프라, 고용, 기업 효율성 등에서 높은 평가를 받은 반면 물가, 기업 규제, 국제투자 부문 등에서는 취약성을 드러냈다.

5월 31일 스위스 국제경영개발원(IMD)이 발표한 '세계경쟁력연감 2012'에 따르면 한국은 조사대상 59개 국가 가운데 22위를 기록, 지난해와 같은 수준을 유지했다.

아시아 · 태평양 국가 중에서는 8위에서 6위로 두 계단 올랐고, 주요 20개국(G20) 중에서도 7위에서 6위로 한 계단 상승했다. 인구 2천만명 이상 국가들 가운데선 8위를 기록했다.

올해 국가경쟁력이 가장 높은 국가로는 홍콩이 꼽혔고, 미국, 스위스가 뒤를 이었다. 지난해 조사에서 홍콩과 함께 공동 1위였던 미국은 경기침체 등 어려운 여건에도 불구하고 기업의 역동성과 혁신능력 등에서 우수한 평가를 받아 최상위권 경쟁력을 유지했다.

경쟁국인 중국이 19위에서 23위, 일본이 26위에서 27위, 대만이

6위에서 7위로 하락하는 등 아시아 주요국의 순위가 모두 뒷걸음질 쳤다는 점을 감안하면 한국도 비교적 선전한 결과로 볼 수 있다.

하지만 내용을 들여다보면 불만족스럽다. 특히 정부효율성이 세 계단 하락한 25위를 기록했는데, 민간의 노력을 정부가 갉아먹은 셈이다.

물가(54위)는 최하위권에 머물렀고, 기업관련 법규와 국제투자도 42위로 문제점을 드러냈다. 사회적 여건(32위)과 생산성 · 효율성(32위)도 취약했다. 물가와 기업규제에 대한 개선이 시급한 상황이다.

이와 함께 ▲세계 재정위기에 대한 선제 대응 ▲인플레이션 완화 ▲일자리의 질적 향상과 청년실업 완화 ▲FTA 확대와 이로 인해 부정적 영향을 받는 산업 강화 ▲사회자본을 포함한 투자의 확대 등이 당면 정책과제로 대두되고 있다.

2012년 5월 31일 - 독서신문 1530호

포괄수가제

진료비 정액제인 '포괄수가제'에 반발해 온 의사들이 마침내 전면전을 선포했다. 안과의사협회가 7월 1일부터 1주일간 백내장 수술을 않겠다고 결의한 지 사흘만인 6월 12일 산부인과 · 외과 · 이비인후과까지 수술거부 동참을 선언했다.

'포괄수가제'는 병원마다 들쭉날쭉한 수술 환자의 입원치료비를 미리 정한 가격으로 내는 제도다. 7월부터 병 · 의원급에 적용되고 내년 7월에는 종합병원에도 시행될 계획이다. 환자들의 경제적 부담이 평균 21% 줄고, 의료 과소비도 예방할 수 있다는 게 정부 설명이다.

그러나 의료계의 주장은 다르다. '포괄수가'라는 말이 의미하듯이 진료 행위나 수술에 필요한 검사 횟수 등에 상관없이 모두 진료비가 같다면 앞으로 환자에게 최소의 의료 서비스만 제공하는 의료기관이 늘어날 게 뻔하다는 것이다. 또한 현행 의료보험 수가가 이미 원가의 70% 정도 수준에 머물러 있고 이를 기초로 해서 산정되는 '포괄수가' 역시 최소한의 진료만을 강요하게 돼 의사의 경영 여건을 떠나 환자에게 돌아갈 의료의 질은 너무나 열악해져서 오히려 손실만 키우는 제도가 될 것이 자명하다고 강변하고 있다.

그러나 "'인술(仁術)'은 사라지고, 의료 기술만 남은 의료계 풍토를 보여주는 것 같아 안타깝다"며 "독점적 진료권을 앞세워 수익을 극대화하려는 몰염치"라는 비난도 쏟아지고 있다. "수술 거부에 대해 의료법은 물론 공정거래법도 적용해 일벌백계해야 한다"는 목소리까지 나온다.

중요한 것은 상충되는 의견을 조율할 수 있는 시스템과 충분한 합의 과정이다. 수술의 난이도 등과 상관없이 똑같은 진료비를 지불하는 '포괄수가' 산정의 근본적인 개선, 무엇보다 '포괄수가제' 작업을 총괄할 의사 전문가위원회를 상설해 미래 국가의료의 큰 방향을 정하는 정책이 졸속으로 시행되지 않도록 만반의 준비 과정이 선행돼야 한다.

2012년 6월 13일 - 독서신문 1531호

경제민주화

양극화 해소를 위해 대선주자들이 내세우는 시대정신은 '경제민주화'로 집약된다. '경제민주화'는 경제발전 불균형에 따라 국민적 불만이 발화점에 달하면서 자연스럽게 등장했고, 점차 하나의 국민적 합의로 자리잡아가고 있다. 일부에서는 '재벌 개혁'의 다른 이름쯤으로 인식하지만 관점과 방법론에 따라 다양한 해석이 나오고 있다.

현대경제연구원의 설문조사에서 우리나라 성인 절반(50.1%) 가량이 자신을 저소득층으로 여긴다고 응답했다. 중산층 상당수가 심리적으로 저소득층으로 간주하는 것이다. 20대는 부족한 일자리, 30대는 대출이자와 부채, 40대는 과도한 자녀교육비, 50대는 퇴직과 소득감소에 시달리니 중산층이 버틸 힘을 상실한 것이다.

이쯤 되면 대권 주자들도 생각을 바꿔야 할지 모르겠다. '경제민주화'도 이명박 정부로부터 어떤 경제 성적표를 넘겨받느냐에 달려 있다. 어쩌면 새 대통령은 내년 2월 저성장 기조가 굳어진 한국 경제를 물려받을지도 모른다. 그렇다면 화려한 복지국가와 일자리 보장

약속은 포기해야 한다. 상당기간 텅 빈 서민들의 주머니를 채워주고, 불만 달래기에 급급하면서 저성장의 질곡에서 눈물겨운 사투를 벌여야 할지도 모른다. 경제를 살려놓아야 그 토대 위에서 '경제민주화'의 걸음마도 가능하다.

올해 하반기 경기의 위험성은 예상보다 더욱 커졌다. 경기를 살리고 일자리를 창출하는 핵심 주체는 기업이다. 정부나 정치권은 기업활력 제고를 위한 대책 마련에 앞장서야 한다. 비상경제, 위기관리경영에 부합해야 한다는 말이다. 아울러 기업은 '경제민주화'가 시대의 물결이라는 점을 명심해야 한다. 윤리경영의 솔선적 실천으로 상생과 신뢰문화 구축에 진정성과 지속성을 보여야 한다. 국민이 호감을 갖는 이른바 신뢰받는 기업상의 구현은 다름 아닌 윤리적, 경제적인 잣대의 충족에 달려있다.

2012년 8월 30일 - **독서신문 1534호**

청년 일자리

청년들을 위한 일자리 창출력으로 볼 때 한국은 일본과 비슷한 '잠재적 일자리 위험 국가'인 것으로 나타났다. 전체적인 일자리 창출 경쟁력 역시 한국은 경제협력개발기구(OECD) 주요 회원국 가운데 하위권에 머무는 것으로 조사됐다.

글로벌 컨설팅회사인 모니터그룹은 산업구조, 고용구조, 직업교육 인프라, 정부제도 및 규제, 사회문화 인프라 등 5개 영역 39개 지수를 비교 평가한 '청년 일자리 창출 경쟁력지수'를 지난 9월 26일 공개했다. 이 지수를 적용해 OECD 34개 회원국 중 주요 20개국을 평가한 결과 한국의 청년 일자리 창출 경쟁력 종합지수는 2.37점(5점 만점)으로 조사 대상 20개국 중 16위에 그쳤다. 한국은 산업구조 부문에서 20개국 중 11위에 올랐지만 직업교육(16위), 정부제도 및 규제(18위) 부문은 하위권으로 처졌고 고용구조와 사회문화 인프라 부문은 20위로 꼴찌였다.

청년 일자리 창출은 '공생발전'의 최우선 과제다. 기업과 노동계의 기득권 보호에 막혀 청년 일자리를 뚫고 나가지 못하면 청년을 포용하는 '공생발전'은 불가능하다. 영국, 스페인, 칠레 및 중동 국가에서 청년들의 분노 폭발이 보여주듯이 청년의 좌절은 공멸(共滅)로 이어질 수 있다. 정규직 근로자들의 기득권으로 '항아리'형으로 왜곡돼 있는 공공기관의 임금구조도 '피라미드'형으로 개편하도록 목표를 부여하고 이를 경영평가에 중점 반영해 자발적 구조조정에 의한 신규 채용을 유도해야 한다. 청년들이 일자리를 찾아야 따뜻한 공생사회를 이룰 수 있다.

최근 정치판의 복지경쟁은 도를 넘고 있다. 차제에 '재정건전화법'을 제정해 재정적자 및 국가부채 확산에 차단막을 쳐야 한다. 조세감면은 대폭 정비하고 세수 여력은 일자리 창출에 집중해야 한다. 여야가 선심성 복지의 춤판을 거두고 일자리 창출에 매진해야 청년의 열정이 살아나는 행복한 사회를 만들 수 있다.

2012년 9월 30일 - 독서신문 1536호

한국 경제의 '경고음'

한국경제의 장기 성장률 추락을 경고하는 전망이 잇따르고 있다. 미국 민간 경제조사단체 '콘퍼런스보드'는 11월 14일 '세계경제전망 2013'에서 한국의 장기 성장률을 암울하게 전망했다. '내년부터 오는 2018년까지 평균 2.4% 수준으로 가다가 2019~2025년 평균 1.2%대로 급락한다'는 것이다. 미국의 외교전문지 〈포린폴리시〉도 최근 기사에서 "한국은 경제성장 엔진이 꺼진 일본의 길을 가고 있다"고 경고했다.

일본 언론이 한때 한국 경제를 가리켜 일본처럼 장기 침체에 빠질 수 있음을 경고한 적이 있다. 그러자 우리 정부는 발끈했다. 절대 그렇지 않다는 것이다. 윤증현 전 기획재정부 장관도 한국 경제가 일본처럼 장기침체에 빠질 수 있다는 지적에 대해 "전혀 동의하지 않는다"고 말한 바 있다. 장밋빛 청사진에 부진한 실적을 부풀려 과대포장하는 정부의 습성은 지금도 여전하다.

우리 경제의 장기적 비관론은 크게 두 가지 요인에서 나온다. 고령화와 저출산에 따른 생산인구 감소와 선진국 · 신흥국의 동반 저성장에 따른 대외여건 악화다. 그러나 '알려진 위기는 위기가 아니다'라는 말이 있듯이 우리 스스로의 대응 여부에 미래가 달려 있다. 산업적으로는 기존 제조업의 경쟁력을 유지하면서 미래 성장동력을 육성하면 된다.

교육 · 디자인 · 컨설팅 등 서비스 산업의 시장확대와 고부가가치화에서 지속성장의 기회를 찾아볼 수 있다. 저출산 · 고령화라는 인구적 취약성은 여성 및 고령인구의 경제참여 확대와 개방적 이민정책을 강력하게 시행한다면 나름대로 빈칸을 상당히 메울 수 있을 것이다. 남북한 경협확대가 획기적으로 이뤄진다면 산업이나 인구 측면의 많은 문제가 풀린다. 우리 경제의 미래를 무조건 비관할 일은 아니다. 하지만 맹목적인 자신감과 낙관 또한 위험하다. 정확한 '진단'을 통한 확실한 '처방'이 무엇보다도 절실한 시점이다.

2012년 11월 18일 - **독서신문 1538호**

다시 닥친 '전력대란'의 위기

기록적인 강추위가 계속되면서 '전력대란'이 우려되고 있다. '준비', '관심' 단계를 넘어 '주의' 단계까지 육박하는 등 연일 전력수급 경보등이 깜빡이고 있다. 기상청은 올 겨울 예년에 비해 극심한 한파와 폭설이 잦을 것으로 예측했다. 내년 1월 예비전력이 당국의 전망대로 127만㎾로 떨어지고, 발전용량이 100만㎾ 정도인 원전 한 기라도 이상이 발생한다면 나라 전체가 '블랙아웃(정전대란)'이라는 소용돌이에 휘말릴 수밖에 없는 실정인 것이다. 엎친 데 덮친 격으로 전체 23기 원전 중 월성1호기는 고장으로 멈춰 섰으며, 고리 3호기 등 4기는 예방정비를 받고 있다.

전력대란에 대비해 정부는 대규모 전력소비자와 계약을 하고 피크시간대를 피해 전기 사용을 유도하는 '수요관리'에 돌입하기로 했다고 한다. 민간발전기로부터 50만㎾의 전력을 공급받는 등의 비상대책도 가동 중이다. 하지만 비상대책을 동원한다 해도 민간의 전력소비량 자체가 줄어들지 않으면 블랙아웃의 공포에서 벗어날 수 없다는 게 중론이다. 이 시점에서 무엇보다 중요한 것은 국민들의 절전 노력이다. 절전을 통한 수요 관리가 전력대란을 막는데 필요한 최우선 과제라고 할 수 있다. 불안한 전력수급 상황을 염두에 둔다면 누구나 국민 절전운동에 동참해야 한다. 일본이 후쿠시마 원전사고 이후에 원전가동이 절반으로 줄어든 상태에서도 전력난을 극복한 점은 주목할 만하다. 절전의 생활화를 위해서는 작은 일부터 실천해야 한다. 불필요한 전기 사용을 줄이고 실내 온도를 섭씨 20도 이하로 유지하면 전력수급에 큰 도움이 될 것이다. 특히 전력사용량이 높아지는 시간대에는 전열기 사용을 자제해야 한다. 아울러 기업체와 상업시설 등에서도 절전에 각별히 노력을 기울여야 한다. 지금 정부의 대책에만 기대기엔 전력사정이 너무 심각한다. 시민들이 에너지 절약을 생활화한다면 그 작은 실천이 모여 '전력대란'의 위기를 극복해낼 수 있을 것이다.

2012년 12월 9일 - 독서신문 1539호

'근혜노믹스'

'경제민주화, 창조경제, 한국형 복지'. 박근혜 대통령 당선인의 경제 청사진인 '근혜노믹스(GH-nomics)'를 지탱하는 세 가지 키워드다. 2007년 대선 경선 당시 '줄푸세(세금 줄이고, 규제 풀고, 법·원칙 세우자)'와 비교하면 상당한 변화다. 박 당선인은 12월 26일 경제계 인사들과 만나 경제위기 극복과 경제활성화를 위한 협조를 요청했다. 당선 엿새 만에 사실상 첫 공식 일정으로 경제 행보를 택했다. 무엇보다 '경제 살리기가 우선'이란 박 당선인의 의중이 담긴 것으로 분석된다.

박 당선인은 이날 '중소기업 대통령론'을 내세웠다. "(지금까지)대기업 수출에 의존하는 외끌이 경제 성향을 띠었다면 이제는 대기업과 중소기업이 같이 가고 수출과 내수가 함께 가는 쌍끌이로 가겠다"면서 "중소기업 중심으로 재편해 새로운 일자리를 만드는 데 중심이 되도록 지원하겠다"고 말했다. 무엇보다 박 당선인이 중소기업론을 내세우면서 '경제 민주화'와 '성장'을 함께 강조했다는 점은 주목할 만하다. 이는 중소기업 중심 정책 기조가 궁극적으로 자신의 핵심 대선 공약인 경제 민주화와 맞닿아 있다는 얘기다. 박 당선인이 '중소기업 대통령론'을 내세움에 따라 경제 정책에서 중소기업 육성책이 집중 제시될 것으로 보인다.

항상 모든 정책이 그렇듯이 이제부턴 실천이 중요하다. 중소기업 중심의 경제시스템을 만들려면 부품 · 소재 · 기계 등 3대 분야에서 중소기업의 기술력이 전제돼야 한다. 또한 대기업의 막대한 R&D 투자가 필요한 IT 등을 제외하면 일반적인 제조업 분야에서 작지만 강한 이른바 '강소(强小)기업'을 많이 만들어야 한다.

이와 함께 경제시스템의 최하부 조직을 떠받치는 소상공인 육성에도 정책적 무게가 실려야 한다. 소상공인은 약 700만명으로 우리나라의 경제활동인구의 3분의 1에 달하는 만큼 이들 계층을 육성하는 것이 중소기업 · 내수경기 활성화의 첫 단추이자 박 당선인이 강조했던 '중산층 재건'의 열쇠이기 때문이다.

2012년 12월 30일 - 독서신문 1540호

'제2의 벤처 붐'

새 정부의 '벤처 부흥' 정책에 많은 관심이 쏠리고 있다. 대통령직 인수위원회가 벤처 · 중소기업 활성화를 위한 정책들을 잇달아 제시할 전망이어서 벤처업계의 기대감도 커지고 있다. 벤처업계는 17조 원에 달하는 국가 연구개발(R&D) 예산 중 상당 부분이 벤처 생태계 육성에 쓰일 것으로 기대하고 있다. 이번 정부조직개편에서 ICT(정보통신기술)와 과학을 통합한 미래창조과학부를 핵심 부처로 육성하고 중소기업청의 역할을 확대키로 한 것은 벤처창업을 활성화하겠다는 박근혜 당선인의 의지가 실려 있다는 분석이다.

지난해 한국경제의 가장 큰 성취를 꼽는다면 지난 2000년 '닷컴 버블' 붕괴로 궤멸되다시피 했던 벤처생태계가 마침내 어둡고 긴 터널을 빠져나온 것이라고 할 수 있다. 미국보다 좀 늦기는 했지만 지난해 중반 이후부터 소셜네트워크서비스(SNS)와 모바일을 근간으로 한 새 사업기회의 등장으로 한국은 '제2의 벤처 붐'을 위한 전기를 맞고 있다.

하지만 '제2의 벤처 붐'에까지 이르기 위해서는 만만치 않은 과제가 놓여있다. 우선 모든 시장참여자들이 가져야 할 덕목은 장기적 안목과 자세다. 우리가 부러워하는 미국의 벤처생태계도 50여년의 역사를 통해 구축돼온 것이다. 벤처기업가들도 한번 시작하면 인생을 걸겠다는 마음가짐으로 평생의 업으로 삼고 도전해야 하며 벤처투자가들도 극단의 인내심을 갖고 자신들과 인연을 맺은 기업가들과 벤처기업 종사자들이 탄탄한 성장을 일궈내도록 지원해야 한다.

또한 벤처기업가들은 초심을 잃지 말아야 하고 항상 스스로를 혁신시키고자 하는 노력을 게을리해서는 안 된다. 사업모델 자체에 문제가 있어 실패한 경우를 제외하면 대부분 벤처기업의 실패는 성장과정에서 일정 수준의 난관을 넘지 못하고 좌절하는 경우다. 인력충원과 관리 · 계발, 효율적인 자금운용, 경쟁전략 수립과 집행, 거시경제 변화에 따른 성장전략 고도화 등도 성장과정에서 풀어야 할 과제들이다.

2013년 1월 20일 - **독서신문 1541호**

불안한 '창조경제'와 '문화융성'

"민주주의의 밤이 길어질 것 같다."

추석 전 대통령과 여당대표가 참석한 3자회담을 마친 제1야당 대표가 다시 천막으로 돌아가며 남긴 우울한 말이다.

정국논란의 중심에 선 국정원 대선개입 의혹 규명과 대통령 사과에 대해 박근혜 대통령은 "지난 정부 때의 사안으로 사과하는 건 무리"라며 거부했다. 경제민주화 요구에는 "특정계층을 옥죄는 경제민주화는 곤란하다"고 했다. 이쯤 되면 추석 전 민심을 의식한 사진찍기용 모임일 뿐이다. 여당은 "대통령이 국회에까지 와서 허심탄회하게 의견을 나눴다"며 의미를 부여했다. 야당은 "대통령의 정국인식을 국민이 알게 해준 게 성과"라는 자조적인 평가를 내렸다. 회담에 앞서 청와대에서 야당 측 참석자들에게 양복과 넥타이 착용을 주문했다고 한다. 나중에 '실수'라는 해명이 나왔지만 4선의 국회의원과 장관을 지낸 당대표의 복장까지 점검하려는 그들의 머릿속이 좀 섬뜩하다.

다소 뜬금없다고 할지 모르지만 이런 상황의 연장선에서 생각하면 과연 박근혜 정부의 국정기조인 '창조경제와 문화융성'이 제대로 될지 의문이다. 그러고 보니 한때 많은 사람들이 그토록 궁금해 했다던 '창조경제'가 뭔지 물어보는 이도 없는 것 같다. 창조는 작든 크든 종전에 해오던 관습과 방법의 '파괴'를 전제로 한다. 도전과 모험은 미덕이다. 실패를 용인하고 약자를 응원한다. 문화융성은 다양성을 전제로 한다. 획일성은 다양성의 적이자 창조의 방해꾼이다.

이 정부는 창조적이고 다양한 형태의 '소통'보다, 획일적이고 일방적인 '불통'의 윗분 지시만 있을 것 같은 분위기다. 꼭 '유신헌법'을 만들어야 유신시대가 되는 것은 아니다. 국민보다 윗분의 의중을 헤아리고, 그 뜻만 전달하고 실천하기 위해 인간에 대한 기본 예의마저 외면하는 이들은 이미 '유신시대'에 살고 있다. 역사는 되풀이 되는가.

2013년 9월 23일 - 독서신문 1555호

6075 新중년 시대 2

최근 60세에서 75세까지의 연령층이 '新중년'으로 불리며 우리 사회의 새로운 활력소로 떠오르고 있다. 노년의 휴식시간을 보내기보다 적극적으로 취업전선에 뛰어드는가 하면 봉사활동으로 새로운 인생을 보내고 있다.

新중년의 취업과 은퇴 지연이 청년층 일자리 감소를 가져올 거라는 예상도 없지는 않다. 그러나 주요 선진국들의 과거 고용 상황은 두 연령층의 일자리가 상호 충돌하기보다는 보완적이거나 공생 관계임을 보여주고 있다.

영국 재무학연구소가 지난 1968년에서 2005년 사이 영국 노동시장을 분석한 결과 고령자의 고용률이 1%포인트 올라가면 청년층 고용률도 0.3%포인트 늘었다. 일본도 고령화와 연금 고갈 위기로 정년 65세 연장을 유도하는 '고령자 고용확보조치'를 시행하자 "청년층 일자리가 줄어든다"는 논란이 있었으나 결과는 고용률 동반상승으로 나타났다.

이에 반해 국내 젊은이들은 노령층의 일자리 증가가 청년층의 일자리를 줄인다는 인식을 하고 있는 것으로 나타났다. 대한은퇴자협회가 지난 9월 청 · 장년층 975명을 대상으로 실시한 설문조사에서 청년층 응답자의 75%가 '청 · 장 간 일자리 갈등이 있다'고 답했다. 1년 전 같은 시기의 53%보다 22% 포인트나 상승했다. 이는 지난 봄 근로자 정년 60세 연장 관련 법 통과로 청년들의 취업이 더 어려워질 것이라는 막연한 불안감이 반영된 결과로 분석됐다.

OECD가 최근 내놓은 '고용 전망보고서'는 두 계층이 서로 같은 영역에서 경쟁하거나 충돌하는 것이 아니라는 것을 분명히 밝히고 있다. 청년층과 노년층이 갖고 있는 기술과 선호직업이 다르고, 기업 입장에서도 상호보완적인 기술을 갖고 있기 때문에 함께 고용하는 것이 더 이득이 된다는 것이다. 新중년은 지금 청년들의 미래다. 불필요한 갈등이 일어나지 않도록 정부나 관련 기관들의 보다 적극적인 홍보와 대안제시가 필요한 시점이다.

2013년 12월 23일 - **독서신문 1559호**

금융사고, '뒷북은 그만'

2011~2012년 저축은행 불법대출, 2013년 KB국민은행 도쿄지점 거액 부실대출과 국민주택채권 위조인출사건, 4만여 명의 개인투자자를 울린 동양증권 부실기업어음 불완전판매사건, 올해 들어 1억 400만 카드 가입자 개인정보 유출 대란에 이어 3,000억원대 부실사기대출사건….

대형 금융사고가 계속되고 있다. 금융이 5대 중점 서비스산업으로 한국 경제의 신성장동력이 되기는커녕 은행, 증권, 서민금융기관에 이르기까지 총체적으로 곪은 형국이다.

금융감독원은 2월 24일 올해 금융감독의 기본 방향을 ▲사전예방 금융감독 ▲현장중심 감독 ▲금융소비자 보호 강화 ▲투명한 금융감독 등으로 설정했다. 사고 발생 후 문제해결에 급급했던 뒷북 대응체계에서 벗어나 사전예방을 통해 금융피해를 방지하겠다는 것이다. 이를 위해 금감원은 '사전예방 금융감독 시스템'을 구축할 계획이다.

과연 이번에는 '소 잃고 외양간 고치는' 뒷북 행정에서 벗어날 수 있을지 귀추가 주목된다. 최근 연이어 터진 금융사건들은 지난 17년간 한국금융이 외형만 커졌지 별로 달라진 것이 없다는 점을 보여주고 있다. 여전히 금융지주회사 회장이나 은행장은 관료나 정권 주변 인사들의 전유물처럼 여기고 있고, 낙하산 경영진은 주인 없는 금융기관을 공공기관처럼 생각하면서 정부정책 뒷받침에 여념이 없다. 금융기관 직원들은 인사권을 거머쥐고 조직을 흔들어대는 낙하산 경영진 눈치나 보기 바쁘지 사전심사, 사후모니터링, 리스크관리 등 별로 알아주지도 않는 일에 관심이 갈 리 없다.

이런 상태로 어떻게 신성장동력이 될 수 있겠는가. 관치금융을 청산해 금융은 금융에서 잔뼈가 굵은 금융인에게 돌려주고, 금융기관도 내부통제 제도를 실질적으로 강화하고 금융감독원도 독립시켜 검사 · 감독을 제대로 할 수 있도록 해야 한다. 새로운 시스템 구축도 좋지만, 보다 근본적인 대책이 이에 선행돼야 한다.

2014년 2월 24일 - 독서신문 1562호

개혁 시급한 공무원·군인 연금

공무원과 군인 연금 적자를 메우는 데 투입된 국민 세금이 지난 5년 동안 14조원에 달하는 것으로 나타났다. 공무원과 군인의 연금 때문에 나라 곳간이 무너질 것이라는 경고음도 울리고 있다. 적자가 심해 매년 수조원의 혈세를 쏟아부어야 한다는 것이다. 이 때문에 공적연금제도를 하루 빨리 개혁해야 한다는 목소리가 커지고 있다.

지난 2009년부터 지난해까지 5년간 공무원과 군인에게 지급된 연금은 51조 8,000억원. 반면 이들이 넣은 연금 보험료는 37조 9,000억원에 불과했다. 13조 9,000억원이 적자인데, 고스란히 국민 세금으로 채웠다.

공무원 · 군인연금은 '특혜'라는 비판을 받고 있다. 국민연금은 평균적으로 자신이 낸 돈의 1.3~1.8배를 받아가지만 3대 공적연금의 경우 2.3배나 된다. 2009년 제도개혁 이전에 가입한 공무원과 군인은 평균적으로 낸 돈의 3배 이상을 가져간다. 연금을 받기 시작하는 시점도 일반 국민보다 5년이나 빠르다.

최근 우리는 공적 부채 급증으로 심각한 국가적 위기에 처해 있다. 씀씀이가 커 빚이 늘면 부채를 줄이려고 노력하는 게 순리다. 나라 살림이 갈수록 어려워지는데 계속 국민의 혈세로 연금을 채워줄 수는 없다. 정부는 확고한 원칙과 방향을 정해놓고 연금 개혁을 밀고 나가야 한다. 지금처럼 '덜 내고, 너무 많이, 일찍 받는' 구조를 '더 내고, 덜 받고, 늦게 받는' 쪽으로 바꿔야 한다. 개혁 시기도 최대한 당겨야 한다. 2016년까지 개선방안을 마련하겠다는 것은 시간 끌기일 뿐이다.

국가재정이 거덜 난 그리스가 남의 얘기가 아니다. 지난 2009년 연금 개혁은 공무원들의 눈치를 보느라 용두사미에 그쳤다. 공무원이 아닌 민간이 참여하는 독립적인 기구에 맡기는 것도 방법일 것이다. 지금 개혁을 미루는 것은 후세에 국가부도를 넘겨주는 것과 다름없다. 정부는 결연 · 신속하게 공무원 · 군인 연금제도를 혁신해야 할 것이다.

2014년 4월 14일 - 독서신문 1565호

'생계형 창업'

우리나라의 전체 창업 가운데 최소한의 생계유지를 위한 '생계형 창업' 비중이 40%에 육박하는 것으로 나타났다. 정부가 '창조경제'를 기치로 정보통신기술(ICT)에 기반을 둔 창업 활성화에 적극 나서고 있지만 이러한 저부가가치형 창업 생태계를 바꾸지 않는 한 성과를 내기가 쉽지 않을 것으로 보인다.

7월 28일 '글로벌 기업가활동 모니터'(GEM: Global Entrepreneurship Monitor)가 펴낸 '글로벌 리포트 2013'에 따르면 한국의 42개월 미만 초기 창업 가운데 생계형 창업 비중은 36.5%였다. 소득수준을 더욱 높이기 위한 기회추구형 창업은 51.1%로 집계됐다. GEM이 꼽은 26개 혁신 경제국(Innovation-driven Economies)의 생계형 창업 비중 평균은 18.2%로 우리나라의 절반 수준이었다. 이들 가운데 30%를 넘는 곳은 한국이 유일하다.

정부는 지난해 5월 '벤처 · 창업 자금 생태계 선순환 방안'을 내놓고 2조원을 창업 지원에 투입 중이다. 그러나 컨트롤타워 없이 미래창조과학부, 중소기업청 등 각 부처별로 동시에 돈 풀기에 나서면서 나눠 먹기가 되고 있다. 부처별 창업 지원 사업은 무려 218개에 달한다. 자금 지원은 역대 최대 규모지만 IT 분야 등 기술형 · 혁신형 사업

보다는 먹을거리 위주 생계형 창업이 늘고 있는 것이 문제다.

한국 경제의 양대 과제는 '생계형 창업의 정예화'와 '벤처형 창업의 확대'다. 지속가능한 성장과 고용의 유일한 대안이 '창업'이라는 것은 전 세계 선진국 간에 합의된 결론이다. 그런데 모든 창업을 활성화해야 하는 것은 아니다. 연간 100만개의 업체가 생겨나고 90만개의 업체가 폐업하는 '생계형 창업'은 성장에 마이너스 효과를 가져온다는 것이 창조경제연구회가 지난해 수행했던 연구의 최종 결론이다.

'생계형 창업'의 절반은 3년 안에 문을 닫는다. 생존 기업들의 부가가치도 매우 낮다. 그럼에도 베이비붐 세대가 퇴직하며 생계형 창업은 계속 증가, 전 세계에서 가장 치열한 경쟁 속에 한계 수익 높이기에 허덕이고 있다. '생계형 창업'이 오히려 퇴직한 중산층이 극빈층으로 전락하는 통로가 돼 사회 불안을 증폭시키고 있다.

또 하나의 중산층 붕괴 통로는 세계 최대의 투기성 파생금융 상품과 각종 사행성 투기라고 할 수 있다. 그런데 불편한 진실은 이 두 가지 중산층 붕괴의 주역이 바로 우리 정부의 자영업 창업 지원 정책과 파생금융 활성화 정책이라는 것이다. 그래도 퇴직자들은 어떻게든 생계를 꾸릴 대안이 있어야 한다. 퇴직자들을 위한 국가 대책이 시급한 이유다.

2014년 7월 28일 - **독서신문 1570호**

'복지증세' 논란

정부가 잇달아 담뱃값 인상 계획과 주민세 · 자동차세 등 지방세 인상 계획을 발표했다. 인상률도 매우 높다. 담뱃값은 내년에 80%를 올린 다음 물가인상률이 누적으로 5% 오를 때마다 추가로 인상하겠다는 방안을 내놨다. 말이 담뱃값 인상이지 그 대부분이 담배에 붙는 세금 인상이다. 주민세와 자동차세(자가용 제외)는 앞으로 2~3년에 걸쳐 100% 이상 올린다고 한다.

크게 늘어난 보편적 복지 수요에 따른 부족한 세수를 확보하기 위한 고육책으로 보인다. 대규모 세수 결손이 누적되는 상황에서 정부와 지자체의 다급함을 이해 못하는 것은 아니다. 그렇다 하더라도 현재와 같은 방식은 안 된다.

복지수요의 확대는 세계적인 추세지만, 우리는 사회적인 협의 과정을 거치지 못한 채 정치권의 결정에 따랐다. 세수 증대가 불가피한 정부로서는 고민스러운 부분임은 분명한 사실이다. 하지만 정부가 카드로 꺼낸 담뱃값 인상은 간접세 격이고, 주민세는 소득 수준에 상관없이 일괄적으로 내는 세금이다. 부자보다 서민에게 부담이 큰 세목들이다. 숨은 세원을 찾는 데 고심하지 않고 손쉬운 '간접세 카드'를 내놓았다는 지적을 듣는 이유다.

복지가 있는 곳에 세금이 있고, 예산이 모자라면 증세를 해야 한다. 하지만 소득세와 법인세 등 직접세는 손대지 않고 간접세 성격의 담뱃값과 지방세 인상으로 어렵지 않게 세수를 확보하려는 것은 서민층에 부담을 한꺼번에 떠안긴다. 불만 여론이 증폭되자 정부는 고위 관계자의 입을 빌려 '사실상 증세'라고 사후에 인정하는 형식을 취했다.

'꼼수 증세'는 정도가 아니다. 복지 혜택의 확대에 따른 증세 논란은 앞으로 계속될 것이다. 정부는 이번 논란을 계기로 서민의 등골만 빼먹는 증세안이 아닌 누구나 수긍하는 합리적인 방안을 짜내야 한다. 국회도 증세안 처리 과정에서 세금이 조금 덜 걷히더라도 서민부담을 최대한 고려한 선에서 결정해야 한다.

2014년 9월 22일 - 독서신문 1573호

국고보조금 부정수급

정부가 최근 국고보조금 부정수급 종합대책을 발표했다.

국고보조금이란 국가나 지방자치단체가 특정 산업을 육성하거나 연구 · 개발을 지원하기 위해 예산에서 지급하는 자금을 말한다. 국가 예산은 '먼저 보는 사람이 임자'라는 말이 있다. 국고보조금이 특히 그렇다. 지난해 12월 공조수사체계를 구축한 대검찰청과 경찰청이 국고보조금 관련 비리에 대해 집중 단속해 최근 발표한 내용을 보면 적발한 부정수급자가 5,552명에, 부당 지급 · 유용된 국고보조금은 3,119억원에 달했다.

나라의 곳간을 관리하는 기획재정부가 '국고보조금 부정수급 종합대책'을 내놓은 것은 '만시지탄'이지만 일단 환영할 일이다. 정부는 이 대책에서 국가보조금을 고의로 부정수급하면 보조사업 참여를 영원히 금지하고, 명단 공개와 부정수급액의 5배에 달하는 과징금 부과 등 강도 높은 벌칙을 내리겠다고 밝혔다.

신규 보조사업에 대해서는 3년마다 지속 여부를 심사하는 일몰제를 도입해 부정수급이 심각한 사업은 폐지하기로 했다. 부정수급 신고자에 대한 포상금을 2억원으로 늘리고 최대 20억원의 보상금을 별도 지급하는 방안도 운영하기에 따라 효과를 거둘 수 있다. 또 기획재정부 2차관이 위원장이 되고, 각 부처 1급 간부와 보조금 전문가들이 참여하는 '국고보조금 관리위원회'를 신설해 보조금 사업 전반을 관리하기로 했다.

하지만 거창한 발표로 일을 다했다고 생각해선 안 된다. 문제는 지금부터다. 대책에서 밝힌 대로 관리 인력과 체계도 점검해야 한다. 감시와 단속의 눈을 피해 가려고 보조금을 가로채는 수법은 더 교묘해질 것이다. 사후 관리에 앞서 사업 선정 단계부터 깐깐한 행정을 펼쳐 부정수급을 원천적으로 차단하는 등 고삐를 바짝 죄어야 한다. 공무원들이 현장을 발로 뛰어 거짓 사업이 아닌지 눈으로 확인하고 진행 과정을 공개하는 등 투명성도 확보해야 한다.

2014년 12월 15일 - 독서신문 1576호

'가뭄' 비상시국

『삼국사기』에는 삼국시대의 가뭄에 대한 기록이 실려 있다. 가뭄은 '한(旱)', '대한(大旱)'으로 표시하고, 그 시기까지 구체적으로 적혀 있다. 가뭄의 정도는 굶주림의 상태로 표현돼 있는데, 가장 가벼울 경우 흉년이 들어 도둑이 많았으며, 심한 경우 나무껍질로 연명을 했으며, 극심한 경우 자식을 팔고 심지어 서로 잡아먹기도 했다는 내용이 담겨 있다. 가뭄이 얼마나 견디기 힘든 기상재해였는지를 짐작할 수 있게 해준다.

예로부터 인류는 가뭄을 최악의 자연재해로 보고, 그 피해를 줄이기 위해 큰 관심을 기울여왔다. 가뭄이 들면 왕은 궁전을 떠나 바깥에서 정무를 보고, 수라의 반찬가지 수를 줄이는 등 근신하는 게 중국 왕조시대의 전통이었다.

지난해 하반기부터 계속되고 있는 가뭄으로 인한 피해가 심각한 상황이라고 한다. 메르스에 정신이 팔린 사이 국토는 타들어가고 있다. 지난달 전국의 평균 강수량은 56.5㎜로 평년의 절반에 그쳤다. 특히 경기 북부, 강원 영동 등 중부 지방은 평균보다 더 적어 농

작물이 말라 죽을 상황이다. 가뭄이 심해지자 채소값이 폭등하고 있다. 40년 만에 찾아온 최악의 가뭄으로 농민도 피해가 크고, 소비자들 또한 물가가 올라 고통을 겪고 있다. 국내 최대 다목적댐인 소양강댐의 저수율은 27% 정도로 1978년 이후 최저다. 현재 소양강댐의 수위는 153.5m인데 150m 이하로 떨어지면 발전기 가동을 중단해야 한다. 가뭄으로 전력 생산마저 차질을 빚을지 모르는 상황이 된 것이다.

언제나 그랬듯이 자연재해를 극복하려면 민·관·군이 힘을 모아야 한다. 장마 때까지 얼마 남지 않은 저수지 물을 끌어다 쓰고 지하수도 뚫어 물을 퍼올려야 한다. 정부는 정부대로 필요한 장비와 인력을 최대한 동원해 한 바가지의 물이라도 메마른 논밭에 뿌려줄 수 있도록 조치를 취해야 한다.

우리나라는 강수량이 세계 평균의 1.4배쯤 되지만 여름철에 집중된다. 그래서 '물 부족 국가'로 분류된다. '물 부족'은 앞으로 더 심해질 것이라고 한다. 그럼에도 우리는 아까운 줄 모르고 물을 펑펑 쓴다. 가뭄이 잦으면 생활용수마저 제한 공급해야 할지 모르고 상수도 요금도 올라갈 것이다. 자연재해의 경우 사전 대비만큼 중요한 일은 없다고들 한다. 모든 국민이 물의 중요성을 다시 한번 깨닫고 절약에 앞장서야 할 때다.

2015년 6월 15일 - **독서신문 1585호**

'국고보조금' 대수술해야

한해 50조원 가까이 나랏돈이 지급되는 국고보조사업 중 절반이 비정상적으로 쓰이고 있다는 평가가 나왔다. 국고보조사업운용평가단이 지난 7월 10일 기획재정부에 제출한 운용평가 결과에 따르면 32개 부처에서 실시하고 있는 1,422개 사업 중 정상적으로 추진되는 것은 734개뿐이었다. 나머지 688개는 즉시 폐지되거나 통폐합 또는 사업방식 변경 등이 요구되는 것으로 지적됐다. 이렇게 줄줄 새는 국민 혈세가 무려 16조원에 이른다.

국고보조사업은 지방자치단체나 민간사업 가운데 중앙정부의 돈을 지원받는 사업이다. 중앙정부가 사업의 공익성 등을 고려해 지원 여부를 정하는데, 융자금과 달리 돈을 갚을 필요가 없다. 올해 국고보조사업은 모두 1,819개 사업, 58조 4,000억원에 이른다. 2008년 34조 7,000억원에서 몇 년 새 이렇게 금액이 불어난 것이다.

이번 실태조사 결과를 뒤집어보면 정부가 국고보조사업 부실을 키운 것이나 다름없다. 사업 선정 단계부터 관리 · 감독을 제대로 하지 않은 것이 1차적 문제다. 관행과 무사안일에 젖은 '심판'들이 '보조금 도둑', '눈먼 돈'을 부추겼음이 자명하다. 따라서 이번 기회에 국고보조금 부실을 방치하거나 관리 · 감독을 소홀히 한 담당자에게 철저하게 책임을 물어야 한다.

대수술은 불가피하다. 재정누수를 막는 첫걸음은 역시 국고보조금 구조조정일 수밖에 없다. 올해 평가에서 빠진 1,080개 사업에 대해서도 재평가를 추진해야 한다. 부당하게 지원받은 모든 보조금은 전액 환수하고, 악의적으로 보조금을 빼먹은 사람에게는 징벌적 과징금을 매길 필요도 있다. '혈세 누수'를 막지 못하면 건강한 국가재정은 바라기 힘들다.

2015년 7월 13일 - **독서신문 1587호**

'코리아 갑스'

조선조 최고 청백리로 꼽히는 황희 정승도 '갑질'에선 예외가 아니다. 포악한 사위가 살인을 저질렀지만 황희가 사헌부(검찰) 등에 청을 넣고 압력을 행사해 살인사건을 무마한 적이 있다. 사위는 당대의 재상을 등에 업은 갑질이었고 황희는 권력에 대한 권력의 갑질이었다. 그렇게 갑질은 권력의 손아귀에 있었으며 권력자는 예외 없이 힘을 과시했기에 갑질의 역사는 인간과 함께했다 해도 과언이 아니다.

'땅콩회항'만 할 때도 기가 차서 말이 안 나왔다. 그 때도 일부에서는 '그나마 조현아니까 그 정도'라는 알 듯 모를 듯 한 말이 돌았다. 조현민을 보니 알 것 같다. 땅콩은 물컵을 불렀고 회항 갑질은 투척이라는 폭력성 갑질에 이르렀다.

사실 '갑질'이라는 말은 요즘 말이다. 과거로 치면 권력형 비리, 부조리쯤 될 것이다. 박정희 시절 추방 1호는 권력형 부패였다. '떡고물'이 그 중 하나. 이후락 전 중앙정보부 부장이 '떡을 만지다 보면 당연히 떡고물 떨어지지 않겠냐'는 발언은 당대 권력자의 비열한 축재를 드러내기 족했다. 그러다 자본이 축적되고 재벌이 등장하면서 권력형 비리는 자본가형 비리로 대체되고 '금권'이 부정부패의 온상이 된다. 그 온상에 뿌리내리고 자란 게 오늘날 가진 자의 갑질이다. 즉 과거의 '권력형 빽'은 자본가의 득세와 함께 '갑질'이라는 괴물로 변태한 것이다. 그 괴물은 폭력성을 수반하기에 '갑'에 '질'이 붙은 것이다.

2015년 영화 '베테랑'에서 재벌 3세 유아인은 택배기사 정웅인을 불러 야구방망이로 이른바 '빠따'를 친다. 정웅인을 반쯤 죽여놓고 매값이라고 수표를 던져준다. 포스코 '라면 상무'도 한동안 갑질 대명사로 입에 오르내렸다. 라면이 짜다며 잡지로 승무원 머리를 때리고 기어이 라면을 3번이나 끓이게 한다. 이들을 다 묶으면 야구팀 하나는 될 것 같다. '코리아 갑스'. 미국 메이저리그 시카고 컵스 팀에 괜히 미안하다.

이즈음 한 기자의 명쾌한 글이 눈길을 끈다. '조양호 리더십'이 붕괴를 일으킨 지점이 바로 '직원'이라는 것. 3세들이 경영에 나서면서 조씨 일가 리더십에 금이 가기 시작했다며 '불량 리더십'이 곳곳에서 확인됐다고 말한다. 업무와 업무가 연결되는 지점마다 마찰음이 들리고 서로 '네 탓'이라고 다투고 같은 부서 안에서도 소통이 안 되고 현장의 고충은 억눌려진다. 결국 '까라면 까는' 문화에 직원들은 익숙해진다. 멀쩡한 가장이 회사만 가면 노예가 되는 것이다.

그러나 이쯤에서 생각해보자. 이러다 모든 기업인 '갑'이 욕을 먹고 투쟁의 대상이 되는 것은 아닌지. 많은 갑들은 더 많은 을들과 하루하루 힘겹게 자본주의 시장을 헤쳐 나가고 있다. 대다수 갑은 을의 땀과 눈물을 헤아리는 게 직무 1순위임을 잊지 않으려고 노력한다. 사실 갑이라 불리는 기업인들도 권력 앞에서는 오금 못 펴는 을이다.

그리고 '사내 민주화'라는 말은 좀 더 깊이 생각해보자. 엄연한 자본주의 경제 체제 안에서 위계와 질서라는 시스템으로 작동하는 기업에서 만민 평등 개념의 민주화보다는 '사내 인권보호'가 더 어울리지 않을까. 갑과 을이 이제는 머리 맞대고 인권보호 헌장이라도 만들어보자.

2018년 5월 16일 - 독서신문 1641호

Political Social Media

02

02

정치 사회 언론

인권과 무죄추정의 원칙

사람이 개인 또는 나라의 구성원으로서 마땅히 누리고 행사하는 기본적인 자유와 권리인 인권은 근대시민혁명을 계기로 하여 정립되었습니다. 인간과 시민을 권리의 주체인 인격으로 인정하여 이를 제도화한 것입니다.

그런데 인권은 어느 시대, 어느 사회에서 사람으로서나 나라의 구성원으로서나 누리고 행사해야 할 자유와 권리를 말하는 것이기 때문에 시대와 사회가 변동하여 새로운 문제가 제기될 때에 그 내용이 추가되기도 하고 변하기도 합니다.

근대시민국가의 경우에는 인권이란 정치권력으로부터 행해지는 자의적 침해에 대한 자유를 말하며 현대자본주의사회에서는 정치권력에 의한 인권침해 뿐만 아니라 사회 계급 · 세력 간의 갈등과 거기서 일어나는 인권침해도 심각한 문제로 여깁니다.

최근 경기 서남부 지역에서 부녀자 7명을 살해한 연쇄살인범 강호순의 사진 공개를 놓고 찬반 논란이 뜨겁습니다. 강 씨가 검거되자 상당수 언론매체들은 “증거가 명백한 흉악범의 인권보다 사회적 안전망이 우선이고 그의 여죄에 대한 제보도 기대된다”라며 강 씨 사진을 공개했습니다.

뿐만 아니라 경찰청은 ‘경기 서남부 지역 연쇄살인 사건 관련 종합 치안대책’을 발표했는데 이에 따르면 경기 서남부 지역을 비롯해 치안 취약지역에 경찰서 7곳이 새로 생기고 폐쇄회로 텔레비전(CCTV) 2천여 대 이상이 추가 설치되며 현금자동인출기(ATM) 이용객이 얼굴을 가리지 못하게 하는 프로그램 도입이 추진된다고 합니다.

경찰은 특히 법무부와 협의해 강력범죄의 경우 피의자 얼굴을 공개하는 ‘중범죄자의 얼굴 공개에 관한 법률’(가칭) 제정을 추진하겠다고 합니다. 이에 대해 인권관련 시민단체는 “피의자도 인권이 있기에 ‘무죄추정의 원칙’에 따라 기본적으로 공개할 수 없으며, 사회적 공익보다 그 가족과 지인들에게 큰 고통을 안겨줄 우려가 있다”며 반대 의견을 내놓고 있습니다.

무죄추정의 원칙은 모든 피의자나 피고인은 무죄의 가능성이 있기 때문에 가능한 한 시민의 권리가 보장되어야 한다는 원칙을 말하는데 이 원칙은 세계인권선언 제11조 1항에도 규정되어 있으며, 한국의 헌법 제27조 4항에는 “형사피고인은 유죄의 판결이 확정될 때까지는 무죄로 추정된다”는 조항이 명시되어 있습니다.

'죄는 밉지만 사람은 미워하지 말라'는 옛말이 있습니다. 비록 국민적 공분을 사고 있는 일이라 할지라도 냉정하게 국민적 중지를 모아야 할 일입니다. 인권에 대한 법적인 구속이 한번 결정되면 이를 다시 돌이키기에는 너무 많은 고통이 따르기 때문입니다.

2009년 2월 8일 - 독서신문 1458호

책과 신문보내기 운동

사회가 어수선하고 혼란할수록 전인교육의 중요성은 아무리 강조해도 지나치지 않습니다. 올바른 인격형성과 사회공동체로 성장하기 위한 하나의 과정이 바로 전인교육이기 때문입니다. 이러한 교육을 소홀히 하게 되면 그 사회가 치러야할 대가가 너무 큽니다.

최근 사회 이슈화되고 있는 연쇄살인범의 소식도 우리가 치루고 있는 사회적 대가인지도 모릅니다. 하지만 그렇다고 해서 범죄인을 전부 매장시킬 수는 없습니다. 그들 역시 비록 죄를 지었다고 하나 인간으로서의 존엄성을 가지고 있으며 우리는 그들을 교화하여 정상적인 사회인으로 만들 의무가 있습니다.

최근 여러 사회단체를 중심으로 산간벽지나 섬에 책보내기 운동을 벌이는 경우가 많습니다. 책은 전인교육의 전 단계로 그들의 인격형성과 다가올 사회생활에 간접경험을 주는 소중한 자산입니다. 이런 면에 있어서 우리 사회는 아직까지 따뜻한 마음을 가지고 있는 열린사회라는 점에서 흐뭇한 일이 아닐 수 없습니다.

그런데 아직 사회 어두운 곳에서 지나간 일들을 뉘우치고 반성하면서 새로운 삶을 준비하고 있는 이웃들에게 우리는 마음의 벽을 좀처럼 허물지 못하고 있는 듯합니다. 사실 죄를 짓고 교도소에 다녀왔다 하면 누구나 한번쯤 경계를 하게 됩니다.

결국 과거를 뉘우치고 새로운 삶을 살아가기로 다짐하고 사회에 나왔지만 그들이 할 수 있는 일은 그리 많지 않습니다. 범죄의 악순환은 바로 여기에 기인하는 경향이 큽니다. 재범의 가능성이 높은 그들을 고용하는 것은 분명 쉬운 일이 아니겠지요.

그들이 그런 시련을 이겨내고 사회에 적응하기 위해서는 사회의 도움도 필요하며 또다시 범죄에 빠지지 않게 그들을 도와야 합니다. 그들에게 필요한 것은 사회적 관심과 배려입니다.

그들에게 책보내기, 신문보내기 운동을 하는 것은 바로 그들에게 보내는 우리들 관심의 작은 출발이 됩니다. 많이 외로울 수밖에 없는 그들이지만 이렇게 조그만 부분에서부터 관심을 보이면 스스로에 대해 다시 생각할 수 있는 계기를 마련해 줍니다.

필자가 가장 소중하게 간직하고 있는 것 중에 하나가 바로 사회와 격리된 그곳에서 책과 신문을 보내줘서 고맙다는 그들의 마음이 담겨진 편지입니다. 그런 편지를 받을 때는 스스로에 대해 많이 부끄러워하며 안타까워합니다.

비록 잘못된 행동의 주체이지만, 같은 시대를 살아가는 소중한 인격체이기에, 다시 웃으면서 손을 맞잡고 새롭게 맞아주는 그런 열린사회가 되기를 소원해 봅니다.

2009년 3월 1일 - 독서신문 1459호

안보무능의 역사

처참하게 희생된 우리 꽃다운 젊은이들의 장례가 국민적 애도 속에 치러지고, 말할 수 없는 비애감만이 남은 우리들의 폐부를 찌르고 있다. 그 사이 봄꽃들은 피고 지며 찬란한 슬픔의 봄날은 가고 있다.

두 동강 난 천안함을 건져 올려 알아낸 결과는 외부공격을 받았다는 사실이다. 누구의 공격인지 알아내야 하는데 막막하기만 하다.

'천안함 패전'이란 말조차 횡횡하고 있는 분명 국가적 위기 상황이다. 우리의 안보태세가 근본적인 변화를 해야 할 시점인 것이다. 국가 위기 사태에 대한 정부의 상황파악과 대처 방식에 대한 불만과 실망의 소리가 높아지고, 희생된 장병들의 위상과 국민들의 상처 입은 자긍심이 위협받고 있다. 굳이 임진왜란을 논하지 않더라도 안보무능의 역사가 되풀이 되고 있다는 지적을 깊이 생각해 볼 필요가 있다.

오늘날 우리의 위기관리 리더십에 아쉬움이 보인다. 천안함 침몰 사건이 발생했을 때 대통령은 군을 칭찬했고 북한에 조심스러워했다. 지금은 군이 매너리즘에 빠져 있다고 질책하고 북한이 정신 못 차리고 있다고 훈계하고 있다. 이번만이 아니다. 2008년 7월 11일 새벽 금강산 관광객 박왕자씨가 북한군에게 사살됐을 때 청와대는 분노는커녕 국회에서 남북 간 전면 대화를 제안했다.

정치권을 바라보는 국민들은 혼란스럽기만 하다. 불신과 원망을 넘어 허망함, 야속함으로 번지고 있는 것이다. 두 동강나 인양된 천안함의 비참한 선체를 보며, 태극기에 싸여 나오는 사랑하는 아들의 시신을 부여안고 울부짖는 유족들을 보며 우리 모두는 우리가 믿고 의지하는 조국의 무능함에 슬퍼하고 분노했다. 그러나 눈물 흘리는 감상의 리더십으로는 평화를 지키고 국가 안보를 온전히 이뤄나갈 수 없다.

희생된 젊은 영혼들의 넋이 가치 없게 되서는 안 된다. 통일정책의 근본적인 재검토로 비전을 포함한 보다 능동적이고 포괄적이며 일관성 있는 정책으로의 전환이 필요하다.

2010년 5월 2일 - 독서신문 1485호

아동 성범죄 없는 사회

경쟁적 사회구조와 향락적 대중문화 속에서 최근 급증하고 있는 아동 성범죄에 우리 사회가 총체적인 책임감을 갖고 대응해야 한다는 여론이 뜨겁다. 끊이지 않는 아동 성범죄에 온 국민이 격분하는 가운데 급기야 '뿔난 아버지들'이 '배움터지킴이'에 뛰어들고, 최근 '김수철 사건'으로 허술한 학교 안전망을 지적받은 시교육청과 시교육위원회는 긴급 추경예산을 편성해 정규수업이 없는 휴업일에도 경비 인력을 배치하도록 했다.

아동 성폭력은 피해자가 판단능력이 약한 성장기에 속해 있기 때문에 신체적 손상은 물론 정신적 충격과 후유증이 매우 크다. 실제로 9살 때 성폭행을 당한 후 일생을 그 후유증으로 괴로워하다가 결국 21년 후 자신의 성폭행 가해자를 찾아가 살해한 '김부남 여인 사건'은 아동 성폭력 피해의 심각성을 단적으로 보여준다.

하지만 현행 아동 성범죄 관련법들은 조두순 사건만을 기준으로 살펴보더라도 많은 문제점이 지적된다. 우선, 우리나라도 선진국의 경우처럼 흉악한 살인범, 강간범에게는 유기징역형 상한을 없애야 한다는 지적이 일고 있다. 또 '심신미약의 감형 조건'에 술에 만취한 상태도 포함돼, 실제로 조두순은 1심에서 무기징역형을 선고받았지만 2심에서 술에 만취한 심신미약의 감형 조건이 적용돼 유기징역형으로 감형됐고, 거기에 유기징역형에서 최고형인 15년에서 3년을 감형한 12년형을 선고 받았다. 허술한 법망에 가해자는 살고, 피해자는 죽는 꼴이다.

물론 성폭력 특별법 개정안에 아동 성범죄 처벌규정이 강화되고, 아동 성범죄자 신상등록 및 신상공개 강화 등 다양한 아동 성범죄 대책을 마련하고 있지만, '사후약방문(死後藥方文)' 격의 대책보다는 안전지대 설비 강화 및 성범죄 경력자 특별 관리 등을 통한 사전 예방책이 더 시급하다.

2010년 6월 20일 - 독서신문 1491호

공평한 병역이 핵심

올 한 해 동안 연이어 발생하고 있는 북한의 무력 도발에 큰 충격과 슬픔을 겪은 국민들은 내치와 외치 모두에서 무력한 정부와 정확한 사태 파악조차 신속하게 해내지 못하고 좌충우돌하는 우리 국방의 모습에 한숨이 깊다.

실망스럽고 더디기만 한 사후 대책과 부실해 보이는 우리의 안보 현실을 비판하는 여론이 거센 가운데, 대통령 직속 국방선진화추진위원회가 지난 12월 6일 이명박 대통령에게 71개 국방개혁 과제를 보고했다. 이 건의안에 장병들의 의무 복무 기한을 24개월로 환원하는 것과 군복무 가산점 제도를 재도입하는 것이 포함돼 있어 또 다시 여론이 들끓고 있다.

병역문제처럼 우리 국민들을 민감하게 하고, 감정을 격하게 하는 것도 없다. 두 가지 모두 논란의 여지가 많은 사안인 만큼 정부도 곤혹스런 상황이다. 그래서인지 청와대는 군 복무기간 환원은 민간 자문위원회 건의사항에 불과하다면서 신중한 태도를 보였다.

우리 사회가 유달리 병역문제에 이토록 민감한 이유는 무엇일까? 근본적인 원인 파악과 그 해결책을 마련해야 한다.

병역문제의 핵심은 복무 기간의 길고 짧음, 가산점 제도의 위헌판결 등의 단편적 사안들이 아니다. 그것은 우리 사회가 병역 실행에서 얼마나 공정하고 투명한가의 문제다.

현 정부 내각의 군 면제비율이 24%에 달하고, 각 기관 단체장들의 군 면제비율은 22%이며, 올해 치러진 6.2지방선거 출마자의 군 면제비율은 14.5%였다고 한다. 한 해 동안 병역을 면제 받는 일반 장정들의 비율이 2.3% 남짓인 것에 비하면 누구라도 불평등과 차별을 느낄 만하다.

메이저리그의 추신수 선수가 아시안게임 금메달리스트로 병역면제 혜택을 받게 돼 100억원 이상의 수혜를 입는다는 소식에 불평등과 소외감을 느끼며 평등권을 주장하는 국민들만 탓할 수 없다. 병역이 공평하게 실행되는 사회가 키워드인 것이다.

2010년 12월 12일 - 독서신문 1501호

화합으로 일구는 지구촌

지구 표면은 10개 정도의 커다란 판으로 구성돼 있고, 그 판은 마그마 위에 떠 있어 서로 부딪치며 움직인다. 이 판의 부딪침이 크게 일어날 때 지진이 발생하는데, 10개의 판 중 4개가 일본 열도 주변에 모여 있다. 게다가 일본은 가장 강력한 태평양판 지진대에 위치해 있다. 이런 지정학적 특징을 가진 일본은 언제나 '지진'이 최대 공포였고, 이 재앙에 대한 두려움은 철저한 질서의식과 배려, 희생정신을 낳았다.

일본에서는 지금도 초등학교에서 중학교까지 2, 3개월에 한 번 재난대책 훈련을 받는다. 그 훈련에서 학생들이 배우는 것은 위급한 일을 당했을 때 당황하거나 뛰지 말고, 다른 사람을 밀거나 같이 움직이는 일행에서 이탈하지 말고, 불필요한 말을 하지 말라는 것 등이다. '개인의 돌출행동은 전체에 피해를 준다'는 의식이 어렸을 때부터 몸에 배 있는 것이다.

또 한 가지, 일본인의 질서의식 형성에 작용한 요인은 1192년 시작된 가마쿠라 막부부터 1867년 도쿠가와 막부까지의 무사정부 역사다. 그 시대 여성들은 전쟁에 나가는 남편과 아들을 만세로 환송하고 그들을 잃었을 때도 남들 앞에서 울지 않았다. 그때부터 일본인들은 '불행한 일을 당했을 때 내가 울면 나보다 더 큰 불행을 당한 사람에게 폐가 된다'는 생각으로 개인감정 표출을 자제하는 문화를 정착시켰다.

지난 3월 11일 일본에 발생한 대지진 참사가 세계를 경악시키고 있다. 그러나, 세계인을 더욱 놀라게 하는 것은 일본인들의 자제력과 인내력, 희생정신 등 모두가 화합하는 모습이다.

희생자만 1만명 이상이고 44만명 이상의 이재민이 발생했다. 그러나 치명적인 방사능 피해가 우려되는 속에서도 그들은 울부짖거나 원망하지 않았다.

어려움을 당했을 때 더 남을 배려하고, 자신의 고통을 감내하는 모습에 모두 감동하는 것이다. 어떤 재난과 고통도 인간애를 뛰어넘지는 못한다. 우리 모두가 지향해야 할 것은 '화합'이라는 것을 다시 한 번 되새길 때다.

2011년 3월 20일 - 독서신문 1507호

한국인 아닌 세계인의 총장

역사상 한국인으로서 첫 번째 유엔 사무총장이 돼 세계무대에서 탁월하면서도 색깔 있는 리더십을 발휘해 온 반기문 총장이 재선에 성공해 내년 1월 1일부터 2016년 말까지 5년간 유엔 사무총장직을 더 수행하게 됐다. 한국인 중 첫 유엔사무총장, 그리고 재선 성공, 거기에 아시아인으로서는 우 탄트 이후 45년 만에 첫 재선 사무총장 등 화려한 미사여구가 반기문 사무총장의 이름을 뒤따르게 된 것이다.

5개 상임이사국을 포함해 안보리의 15개 이사국과 유엔 전(全) 회원국을 대표하는 5개 지역 그룹 의장국 등 20개국이 그의 연임안을 공동 발의했고, 회원국 대표들은 표결 없이 박수로 통과시켰다. 유엔총회에서 어떤 이견이나 반대도 없이 192개 회원국 만장일치로 연임이 확정된 것이다.

총회에서 수전 라이스 유엔 주재 미국 대사는 "어느 누구도 유엔 사무총장 자리가 어떤지 반 총장만큼 잘 이해하지 못한다"며, "미국

정부는 반 총장에게 감사하고 있다"고 말했고, 아프리카 세네갈 대표는 "민주주의와 인권수호, 기후변화 등 반 총장이 이룬 업적은 매우 성공적이었다"고 평가했다.

수락 연설에서 반 총장은 "우리는 지금 통합과 상호연결의 시대에 살고 있고, 아무리 초강대국이라도 혼자서는 모든 문제를 해결할 수 없는 시대인 만큼 지구촌 이슈를 조정하고 중재하는 유엔의 역할이 중요하다"고 말하며, "기후변화와 지속 가능한 성장, 빈곤과 기아 퇴치에서 인권과 비핵화 문제까지 지구촌 평화와 안전을 위협하는 수많은 난제가 우리 앞에 놓여 있기에 나는 더욱 매진하고 몰입해 나갈 것"이라고 강조했다.

반 총장이 한국인이고, 아시아인이라는 것과 상관없이 국제사회의 책임 있는 최고 외교관으로서 가장 바람직한 모습 정립과 성공적인 결과 성취라는 두 마리 토끼를 잡는 세기의 인물로 남아주기를 기대해 본다.

2011년 6월 26일 - 독서신문 1513호

사랑과 관용의 '톨레랑스'

"장미꽃을 들어주십시오. 이러한 테러가 다시는 일어나지 않도록 민주주의를 지지해주십시오." 옌스 스톨텐베르그 노르웨이 총리의 호소에 사랑과 희망을 상징하는 장미꽃을 든 사람들의 손이 일제히 하늘을 향했다. 지난 7월 25일 저녁(현지시각), 매년 노벨평화상 시상식이 열리는 오슬로시청 앞 광장은 15만 추모 인파가 만든 거대한 장미꽃 물결로 뒤덮였다. 사흘 전 극우테러범 안데르스 베링 브레이빅(32)에 의해 76명이 희생되는 초대형 참사를 겪은 시민들은 범인에 대한 분노 대신 평화와 국민 화합에 대한 염원과 다짐으로 희생자들의 넋을 기렸다. 이날 행사는 76명의 희생자에 대한 연대감을 표하고, '사랑과 관용(톨레랑스)'의 정신으로 아픔을 극복하겠다는 노르웨이인들의 다짐의 장이었다.

유럽 사회에서 '톨레랑스(tolerance)'란 개념과 문화는 오랜 역사적 경험과 반성을 통해 태어났다. '톨레랑스'는 종교적 억압과 박해, 폭력을 자양분 삼아 타인을 인정하고, 자유를 허용하는 형태로 자리잡았다.

근대 이후 존 로크, 존 스튜어트 밀 등의 사상가들이 '관용'의 개념을 강조했다. 영국의 종교 박해를 피해 아메리카 대륙으로 이주한 청교도들은 1649년 메릴랜드주에서 종교의 자유를 보장한 '톨레랑스 조례'를 만들었다. 프랑스대혁명과 나폴레옹 전쟁 후 잇따른 국내 정정 불안으로 '톨레랑스'는 지지세를 넓혀갔다. 특히 산업혁명기에 사회적 갈등이 늘고, 빈부격차가 커지면서 각종 사회대립을 완화하는 수단으로 '톨레랑스'가 퍼져나갔다.

노르웨이인들의 위대한 '사랑과 관용'을 보면서, 지금 우리 사회에 가장 필요한 것이 바로 이 '톨레랑스' 정신이라는 생각을 해본다. 타인 · 타집단의 이념과 사상에 대한 이해와 관용이 절실한 시점이다. 이 '톨레랑스' 정신이라면 갈기갈기 찢겨진 민심도, 한 치의 양보없이 극심한 대결로만 치닫고 있는 이념 · 정책적 갈등도 봉합할 수 있지 않겠는가?

2011년 7월 31일 - 독서신문 1515호

나눌수록 풍성한 한가위

설과 더불어 우리 민족 최대의 명절로 꼽히는 한가위는 풍성한 수확의 기쁨을 함께 나누며 자연과 조상에 대한 감사, 그리고 이웃과 넉넉함을 즐기는 축제의 날이기에 예부터 민초들에게는 일년 중 가장 기다려지는 날이었다.

조선 순조 때 김매순은 열양세시기(洌陽歲時記)에 "한가위가 낀 달에는 만물이 모두 성숙하고 중추는 또한 가절이라 함으로 민간에서는 이 날을 가장 중요하게 여긴다. 아무리 가난한 벽촌의 집안에서도 예에 따라 모두 쌀로 술을 빚고 닭을 잡아 찬을 만들며 온갖 과일을 풍성하게 차려 놓는다. 그래서 '더도 말고 덜도 말고 한가위만 같아라(加也勿 減也勿 但願長似嘉排日, 가야물 감야물 단원장사가배일)'란 덕담이 오갔다"라고 기록했다.

끼니조차 때울 수 없을 만큼 궁핍했던 민초들에게 한가위는 일년 중 가장 풍성하고 즐거운 날이었기에 삼수갑산을 가더라도 이 날 하루만큼은 마음껏 먹고 즐기고 싶은 날이었던 것이다.

또, 한가위에 뜨는 달을 '망월(望月)'이라고 하는데, 이 뜻은 '달을 바라본다' 혹은 '보름달'이다. 그런데 이 '망(望)' 자에는 '망할 망(亡)' 자가 들어 있다. 즉, 망월은 더할 나위 없이 꽉 차서 최고지만, 최고 정점이기에 점차 '망한다'란 아쉬움이 깊이 담겨 있는 것이다. 그러기에 과거와 미래를 벗어나 오늘 하루만큼은 충실하게 만끽하자는 현실주의를 반영한 것이라 하겠다.

이처럼 고단했던 민초들의 소박한 꿈을 풀어내는 날이었던 한가위는 팍팍하고 궁핍한 생활 속에서도 희망을 다지며 행복을 기원하는 소원풀이의 날이었다. 수천 년이 흐른 오늘날 우리 모두가 또 다시 맞이하는 한가위 역시 그들과 별반 다르지 않은 듯하다. 갈수록 고단해지는 서민들의 애환을 조금이나마 덜어주고 나누는 명절이어야 한다.

2011년 9월 11일 - **독서신문 1517호**

'벤츠 여검사'

'내우외환(內憂外患)' 대한민국 검찰이 처한 요즘 상황이다. 알선수재 혐의로 이모(36·여) 검사가 구속된 '벤츠 여검사' 사건은 국민의 공분을 불러일으켰다. 검찰 권한을 강화하는 내용의 국무총리실 검경 수사권 조정안도 비판 여론에 시달리고 있다. 지난달 21일에는 대구지검 백혜련(44) 검사가 "검찰이 정치적 중립성과 독립성을 제대로 지키지 못해 국민의 신뢰를 잃었다"는 글을 내부통신망인 '이프로스'에 남기고 사표를 제출해 파문이 일었다.

한상대 검찰총장은 취임 일성으로 '내부 적과의 전쟁'을 선포했지만, 막상 뚜껑을 열고 보니 '전쟁'을 수행할 장치는 제대로 작동하지 않았다. 이번 사건이 검찰에 접수된 게 지난 7월이다. 그런데 검찰이 수사에 착수한 건 최근의 일이다. 그나마도 여론에 떠밀린 감이 있다.

'스폰서 검사' 사건 대검 진상규명위원장을 지낸 성낙인 교수는 "검사 부패사건이 터질 때마다 대책 마련보다는 조직 보신에 안주해

왔다"며 "검찰 출신이 아닌 외부 인사를 중심으로 한 감찰위원회 설치가 필요하다"고 말했다.

여기서 『목민심서(牧民心書)』를 한 번 펼쳐보자. 다산 정약용은 '청렴하지 않고서는 목민관이 될 수 없다'며 '자신이 쓰는 돈이 백성의 피와 땀으로 이뤄진 것이란 사실을 한시도 잊어서는 안 된다'고 강조한다. 청렴에 더해 검사들이 새겨들어야 할 목민관의 자세는 더 있다. '상사의 명령이 법에 어긋나고 민생을 해치는 것이라면 꿋꿋하게 굴하지 말아야 한다.' '백성이 기뻐하지 않아 조정의 명령을 시행할 수 없으면 병을 핑계로 벼슬을 그만 두어야 한다.' 비록 청렴하더라도 검사 동일체의 원칙과 상명하복, 조직 이기주의에 충실한 검사들은 절대 목민관이 될 수 없다는 것이다.

검찰의 위신은 누가 대신 세워주지 않는다. 검찰 스스로 쟁취하는 것이다. 생살을 찢는 아픔이 있더라도 환부를 말끔히 도려내는 게 사는 길이다.

2011년 12월 11일 - 독서신문 1522호

레임덕

"'레임덕의 법칙'으로부터 MB정권도 결코 자유로울 수 없다." 최진 한국대통령리더십학회장(경기대 교수)은 4월 26일 '임기 말 대통령의 리더십과 권력이동'이라는 주제의 세미나 주제발표를 통해 이같이 밝혔다. 최 회장은 주제발표문을 통해 레임덕의 원인과 특징 그리고 이명박 정부 레임덕의 특징 등에 대해 설명했다. 최 회장은 먼저 오늘날 레임덕의 개념은 '권력누수'가 아니라 '권력이반'이라고 주장했다. 그는 "20세기 레임덕은 대통령의 지시가 제대로 이행되지 않는 권력누수지만, 21세기 레임덕은 권력내부에서 반발이 일어나는 권력이반"이라면서 "실세가 실세를 공격할수록 레임덕의 수위는 심각해진다"고 강조했다. 최 회장은 레임덕이 발생하는 원인으로 ▲대통령의 오만함이 오만한 인사로 나타나 여론악화 ▲여권 내부 갈등이 잠재적인 레임덕 현상 가속화 ▲국민들의 싫증 다시 말해 '미운 대통령 현상'이 레임덕 현상을 심화시키고 있다고 분석했다.

'레임덕(lame duck)'은 임기만료를 앞둔 공직자를 '절름발이 오리'에 비유한 말이다. 미국 남북전쟁 때부터 사용된 말로, 현직 대통령이 남은 임기 동안 마치 뒤뚱거리며 걷는 오리처럼 정책집행에 일관성이 없다는 데서 생겨났다. 단임제 대통령제에서는 5년을 주기로 대통령의 친인척 및 측근 비리가 터진다. 임기 말이면 어김없다. '권력의 꿀맛'에 취해 월권과 비리를 저지른 그들에게 정권 말기는 '인과응보의 시절'이자 '수난의 시기'다. 이제 이명박 대통령의 차례가 왔다. '모든 일은 형님으로 통한다'는 '만사형통(萬事兄通)'의 이상득 의원과 'MB의 멘토'라는 최시중 전 방송통신위원장, '왕 차관'으로 불린 박영준 전 지식경제부 차관의 운명이 '바람 앞의 등불'이다.

권력은 스스로 부패하는 속성을 갖고 있다. 현 정권 실세들의 몰락을 지켜보며 손가락질하는 차기 권력이 결코 자유로울 수 없는 이유다. 최진 회장은 한국 대통령의 레임덕 최소화 방안으로 ▲대통령의 심리적 안정 ▲민정시스템의 다극화 ▲대표 업적의 마무리 ▲차기 대권에 대한 무욕, 초탈 ▲민생경제에 주력해 민심 지지를 획득하는 것이 중요하다고 설명했다. 덧붙여 대통령은 국정 마무리 부담에서 오는 과욕을 부리지 말고, 주요 국책사업과 공약을 차기 정권에 이관하거나 포기하는 결단이 필요하다.

2012년 4월 29일 - 독서신문 1529호

‘한일군사협정’ 유감

정부가 일본군 위안부 등 과거사 문제로 갈등을 빚고 있는 일본과의 군사협정 체결을 강행하면서 논란이 일고 있다. 정부는 한일군사협정의 기초단계라고 할 수 있는 한일정보보호포괄협정(GSOMIA)을 국무회의에서 통과시켰다. 한일정보보호협정은 국회 동의 절차가 필요 없어 대통령의 재가를 거쳐 두 나라 외교 당국자가 서명하면 발효된다.

여권은 “국가 안보를 위한 군사협력”이라며 국익에 도움이 된다는 입장인 반면, 야권은 “우리의 안보 체계가 고스란히 노출될 것”이라며 강력하게 반대하고 있다. 최근 북한의 핵개발과 미사일 발사 등에 효과적으로 대응하기 위해 양국 간 군사 정보의 협력 필요성은 있다. 하지만 자칫하면 내정간섭으로까지 번질 수 있는 사안인데다 일본에 대한 국민적 정서가 예민한 상태에서 청문회 등 여론 수렴 절차를 거치지 않고 비밀스럽게 통과시킨 것은 문제가 있다.

논란이 예상되는 일본과의 군사협정 체결 안건을 국무회의 때 비

공개로 처리한 배경에도 관심이 쏠리고 있다. 정부는 양국 간 협정 서명을 앞둔 상황이어서 '대외주의' 안건으로 처리했다고 해명하지만 석연치 않다는 지적이다. 일각에선 지난 6월 14일 열린 한·미 외교·국방장관 회담에서 미국이 '한일정보보호협정의 체결을 희망한다'는 뜻을 우리 측에 전했고, 이에 따라 '조속히 체결해야 한다'는 청와대의 의중이 반영된 결과라는 관측도 나오고 있다.

협정을 맺으면 한일 양국은 북한의 핵과 미사일, 사회 동향 등 다양한 대북 정보를 공유하게 된다. 일본의 1급 군사기밀은 한국에서도 1급 기밀로 취급되고 양국은 비밀 정보를 제공한 상대국의 승인 없이 제3국에 해당 정보를 공개해서는 안 된다. 공청회 한 번 거치지 않은 한일정보보호협정은 과연 절차적으로 정당한가. 한일정보보호협정이 한반도 안보를 강화시킨다는 명분이라면 국민들을 당당하게, 여러 차례에 걸쳐서 설득하는 자세를 보였어야 했다.

2012년 6월 28일 - 독서신문 1532호

자살률 1위, 대한민국

보건복지부가 최근 펴낸 'OECD 헬스데이터 2012'를 보면 우리나라의 자살률은 2010년 기준으로 인구 10만명당 33.5명에 달했다.

하루 평균 42.6명에 이르는 이런 자살률은 OECD 회원국 평균치인 12.8명보다 3.6배나 높은 것으로 지난 2003년 '자살률 1위'라는 불명예스러운 자리에 오른 후 8년째 1위를 지키고 있다.

지난 9월 10일로 세계보건기구(WHO)와 국제자살예방협회(IASP)가 제정한 '세계 자살 예방의 날' 10주년을 맞은 우리나라의 안타까운 자화상이다.

자살률은 사회의 건강성을 드러내는 핵심 지표다. 한때 일본의 자살률이 세계 1위일 당시 '국민 스승'으로 불리는 후지와라 마사히코는『국가의 품격』이란 저서에서 '자살률을 낮추지 않고는 선진국이 될 수 없다'고 했다.

먼저 정부는 각 지방자치 단체장 직할로 자살예방기구를 설립 운영하도록 법제화 하고, 중앙자살예방센터와 한국자살예방협회 같은 정부 및 사회기구를 각 시도에도 설치해 지역사회가 더 많은 역할을 할 수 있도록 적극 지원해야 한다.

다음으로 정치지도자는 승자독식의 사회 경제구조를 혁파하고, 비정한 경쟁관계에서 협력 · 조력관계로 바뀌도록 제도개선에 나서야 한다.

최근 유행하고 있는 '힐링'(마음치유)처럼 개인의 노력만으론 해결이 어려운 게 자살문제다. 정부가 중장기적이고 사회구조적인 해법을 지속적으로 시행할 수 있도록 정치지도자의 통치철학이 뒷받침돼야 한다.

또한 양극화에서 비롯된 경제적인 요인이 중요하게 작용한다는 점에서 누구라도 절망 속에 방치되지 않도록 사회안전망을 촘촘하게 짜야 한다. 이를 통해 사회 구성원들이 불신, 증오, 갈등에서 벗어나 소속감과 연대감을 느낄 수 있는 따뜻한 사회 분위기를 조성하는 일이 시급하다.

2012년 9월 16일 - 독서신문 1535호

인사 유감

좀 불안하긴 했다. 그래도 이렇게까지 될 줄은 정말 몰랐다. 벌써 박근혜 정부의 인사 실패 장·차관급 인사가 6명에 이른다. 이동흡 헌법재판소장 지명자를 더하면 7명이다. 낙마이유도 이명박 정권 때 주류를 이뤘던 병역기피와 세금탈루, 위장전입, 표절을 넘는다. 무기중개상 고문, 해외비자금 계좌 보유 등 다양해졌다. 성접대 의혹까지 있으니 국민들의 시선이 고울 리 없다. 한국갤럽의 최근 여론조사에서 대통령 지지율이 44%로 역대 대통령의 취임 초 지지율 가운데 가장 낮은 것으로 나타났다. 부정적인 응답자들은 '인사실패'를 첫 번째 이유로 꼽았다.

야당은 '인사 참사'라며 공세를 늦추지 않는다. 여당에서도 부실검증 문책론이 거론된다. 대통령의 소위 '나홀로 인사', '수첩인사' 방식에 문제가 있다는 지적도 이어진다. 그러나 정작 청와대는 정부 출범 초기 어수선하고 바쁜 와중에 빚어진 일시적인 현상으로 치부해 버리는 모양새다. 심지어 정치논쟁과 인사청문회제도를 탓하기도 했다.

노예해방을 이룬 미국의 링컨 대통령은 취임 초 자신의 경쟁자들을 국무장관 등 내각의 핵심자리에 임명했다. 노예제 폐지를 반대하는 의원들뿐만 아니라 당시에는 받아들이기 어려운 노예출신자에게 투표권 부여까지 주장하는 당내 급진 강경파를 동시에 설득해야 했다. 링컨은 그들의 의견을 초인적인 인내심으로 경청했다. 중국 당 태종의 치세를 기록한『정관정요(貞觀政要)』는 박 대통령이 야인시절 애독했다고 한다. 태종이 신하들에게 자신의 잘못을 서슴없이 지적하고, 천하의 인재를 적극 추천하라고 다그치는 장면이 적지 않다. 형제를 죽이는 패륜을 저지르며 황제에 올랐지만 그는 역대 어느 제왕보다도 많이 신하들의 충언에 귀 기울여 위대한 업적을 남겼다. 태종에게 300번이나 간한 위징이 죽었을 때 "나를 돌아볼 거울을 하나 잃었다"며 슬퍼했다.『정관정요』를 읽어본 사람들이 고개를 가로 저을 일이 늘고 있다.

2013년 3월 31일 - 독서신문 1545호

조용필과 정년연장

우리 시대의 '가왕(歌王)' 조용필이 돌아왔다.

10년 만에 '헬로 hello'라는 음반을 들고 우리 곁에 다시 왔다. 10대와 20대의 전폭적인 호응 속에 음반 발매 첫날 2만장이 동났다. 음원차트 상위권을 그의 곡들이 석권하고, 음악 사이트에서는 싸이와 인기 순위를 다투고 있다. 아이돌 못지않은 폭발적인 호응이다. 중장년층의 두터운 팬층과 젊은이들도 좋아할 수 있는 노래를 선보인 게 음반열풍의 비결로 꼽히고 있다.

데뷔 45년. 나이 63세인 조용필의 저력은 어디에서 오는 것일까. 그는 '연습'과 '진지함'이라고 말한다. 하루도 거르지 않는 끊임없는 노래 연습과 음악에 대한 진지한 자세가 오늘의 그를 만들었다. 여기에 시대 변화에 맞게 끊임없이 자신의 음악적 '혁신'을 실천했다. 이번 음반에 수록된 곡을 만든 외국 작곡가들은 음악의 완성도를 높이는데 심리적 부담감이 매우 컸다고 한다. 조용필의 열정과 자세를 잘 알기 때문이다.

마침 그의 19집 발매 공식무대 공연이 열리던 4월 23일 '정년연장법'으로 불리는 '고용상 연령차별 금지 및 고령자 고용촉진에 관한 법률 일부개정안'이 국회 환경노동위원회 법안심사 소위를 통과했다. 2016년부터 규모에 따라 연차적으로 공공기관과 기업체 직원들의 정년을 60세로 의무화한 것이다.

기업들의 부담이 더해진다는 이견은 있지만 800만 베이비붐 세대 은퇴가 본격화되고, 노후 빈곤문제가 경제협력개발기구(OECD) 회원국 중 최악인 상황에서 국민생활 안정과 사회불안 해소 등을 위해 정년 연장은 크게 환영할 일이다.

더 오래 일하는 시대가 됐다. 한 분야의 축적된 경험과 열정만 있다면 60세 이후에도 큰 성과를 낼 수 있다. 50대 초만 되면 퇴직불안에 시달리는 직장인들에게 조용필과 정년연장법이 새로운 활력소가 됐으면 한다.

2013년 4월 29일 - **독서신문 1547호**

역사의 진화

최근 검찰의 움직임을 보면 조만간 전두환 前 대통령이 미납 추징금을 낼 것 같다. 한 달여 전인 지난 7월 16일 검찰은 서울 연희동 전 前 대통령의 사저와 자녀, 처남, 동생의 자택과 사무실을 압수 수색했다. 돈의 흐름을 추적할 수 있는 단서는 물론 고가의 미술품 수백여점이 쏟아져 나왔다. 불법 재산의 추징 시효와 범위를 늘린 이른바 '전두환 추징법'이 발효된 지 나흘만이다.

주요 관련자 40여명은 출국 금지됐다. 검찰은 이들의 은행계좌, 보험, 주식, 부동산, 채권 거래를 샅샅이 훑었다. 일부 재산은 압류 조치하고 해외 재산 추적에도 나섰다. 전 前 대통령 측이 퇴임 후 8년간 2,000억원에 달하는 비자금을 3만여 개의 차명계좌로 관리했다는 과거 검찰수사기록까지 알려졌다. 예년에 없던 강도 높은 추징 의지가 엿보인다.

지난 1997년 대법원이 선고한 전 前 대통령의 추징금은 2,205억원이다. 이중 533억원만 냈고 76%인 1,672억원을 미납했다. 노태우

前 대통령이 전체 추징금 2,629억원 가운데 231억원을 남기고 90% 이상 납부한 것과 비교된다. 전 前 대통령은 한때 '현금은 통장에 있는 29만원이 전부'라고 했다. 그는 추징금 낼 돈은 없다면서도 호화 골프와 해외여행을 즐겼다. 육사에는 1,000만원 이상 발전기금도 냈다. 네 자녀는 모두 거액의 자산가다.

지난 16년간 공권력은 그를 방치했다. 올해 초 추징 시효가 오는 10월로 끝난다는 사실이 알려지면서 국민들은 분노했다. 검찰은 전담팀을 구성하고, 국회는 '전두환 추징법'을 통과시켰다. 박근혜 대통령도 "새 정부가 의지를 갖고 해결하려고 한다"고 거들었다.

전씨 일가는 법을 농락하고 국민을 무시했다. 검찰의 직무유기도 있었다. 가진 자와 힘 있는 자에게 무기력했다. 전의(全意)를 정의(正義)의 심판대에 올려놓아야 한다. 역사는 반복되지만 진화하기도 한다.

2013년 8월 19일 - **독서신문 1553호**

안전사각지대, '싱크홀'

세월호의 교훈이 채 가시기도 전에 이번엔 '싱크홀' 문제가 시민들의 안전을 위협하고 있다. 서울 송파구 석촌지하차도 인근에서 두 곳의 싱크홀이 발견된데 이어 교대역 등에서도 잇달아 싱크홀이 추가로 발견됨으로써 시민들의 불안감이 확산되고 있는 것이다.

싱크홀은 지하암석이 용해되거나 기존 동굴이 붕괴되면서 갑자기 땅이 푹 꺼져버리는 현상이다. 대부분 지하수 이동으로 발생하기 때문에 '지하수의 저주'로도 불리는 싱크홀은 크기가 해외에서는 무려 지하 수백미터에 달하는 경우도 있다. 그나마 우리나라는 크기나 발생 빈도가 다른 나라보다 훨씬 적은 편이다. 우리나라 국토 대부분이 단단한 화강암층과 편마암층으로 이뤄져 있어 자연적으로는 땅속에 빈 공간이 잘 생기지 않아서다.

그러나 우리나라도 이제는 싱크홀 안전지대가 아니라 위험지대로 변하고 있다. 새누리당 이자스민 의원이 지난 8월 19일 환경부로부터 제출받아 공개한 자료에 따르면 우리나라에선 지난 2012년부터 최근 3년간 무려 53곳에서 싱크홀이 발생해 4명의 사상자가 발생한 것으로 나타났다.

원인은 자연현상이 아닌 하수 누수에 따른 지반 손실이 대부분을 차지했다. 석촌지하차도와 마찬가지로 자연의 현상이 아닌 공사 등으로 인한 인위적 현상이라는 점이다.

국토교통부도 상황이 심각하다고 파악해 싱크홀 우려가 높은 전국 19곳에 대해 대대적인 조사에 나섰다.

그러나 이 같은 단편적인 조사에 그쳐서는 안 된다. 이를 계기로 서울을 비롯한 전국의 지하지도를 그려야 한다는 주장도 나오고 있다.

싱크홀은 앞서 발생한 대형참사들보다 더 큰 재앙이 될 수도 있다. 특히 자연현상이 아닌 명백한 '인재'가 될 수 있다는 점에서 더욱 철저하고 현명한 대처가 어느 때보다 중요한 시점이다.

2014년 8월 31일 - 독서신문 1572호

'김영란법'과 청렴사회

공직사회에 '청렴' 태풍이 불게 됐다. 우리 사회의 부정과 비리 사슬을 끊을 '김영란법(부정청탁 및 금품 등 수수 금지법)'이 국회의 첫 관문을 통과했기 때문이다. 지난 2011년 6월 김영란 당시 국민권익위원장이 국무회의에 초안을 내놓은 뒤 3년 6개월간 우여곡절을 겪다 이제 입법화의 관문을 지나 결실을 앞두게 된 것이다.

김영란법은 '부패공화국'이라는 낙인이 찍힌 우리 사회 전반의 청렴문화 조성에 일대 전환점이 될 것으로 기대된다. 지금까지는 대가성과 직무관련성이 없거나 모호한 금품을 '떡값'이라며 주고받거나 신용카드 · 차량 등을 제공하는 '스폰서' 행위를 해도 형사처벌이 쉽지 않았다.

하지만 김영란법이 시행되면 이런 구멍이 상당 부분 메워진다. 김영란법의 핵심은 직무관련성과 무관하게 공직자와 그 가족들의 금품수수를 금지하는 내용이다. 대상은 국회와 법원, 중앙행정기관을 비롯한 공직자와 공공기관, 공직 유관단체, 국공립 학교를 비롯해 언론사와 사립학교 및 사립유치원, 대학병원 종사자까지 포함된다. 직접 대상자만 200만명에 육박하고 가족까지 포함하면 최대 1,800만명이 된다. 직무와 상관 없어도 한번에 100만원 이상, 한해에 300만원 이상의 금품을 받으면 형사처벌을 받게 된다.

김영란법은 우리 사회가 새로 설정한 엄격한 청렴 기준이다. 따라서 기업들은 법에 저촉될 만한 소지가 있는 접대 관행을 점검하고 개선해야 할 것이다. 국회와 정부는 정상적 기업활동 등에 지장이 없도록 법령상의 개념과 불법 유형을 보다 명확히 해 불확실성을 최소화할 필요가 있다. 그래야 수사당국이나 권력이 부정청탁의 개념을 자의적으로 해석하거나 법 집행과정에서 불가피한 혼란과 과잉처벌 논란을 줄일 수 있다. 국회의원 등 힘 있는 정치인과 다른 공직자 간에 법이 차등 적용돼서도 안 된다. 사회의 청렴도와 국가경쟁력은 함께 가는 것이다.

2015년 1월 19일 - 독서신문 1578호

이제는 '통합의 길' 찾아야

지난 4월 16일 진도 팽목항과 경기도 안산에는 세월호 참사 희생자를 추모하는 발길이 하루 종일 이어졌다. 1년이 지났지만 온 국민의 가슴 속에 그날의 슬픔은 그대로 남아있었다. 하지만 정작 유가족 · 실종자 가족의 아픔을 함께 나눠야 할 추모식은 제대로 열리지 못했다. 안타깝게도 정부와 유가족 사이에 불신, 갈등의 골은 여전히 깊었다.

세월호 1주기 추모를 위해 팽목항을 찾은 박근혜 대통령은 세월호 희생자 가족들로부터 외면당했다. 박 대통령의 팽목항행은 세월호를 둘러싼 갈등을 진정시키는 어떤 효과도 거두지 못했다.

정신의학자들은 "사랑하는 사람을 잃은 사람들은 부정 · 분노 · 타협 · 절망의 과정을 거쳐 수용하게 되는데, 수용의 단계에 이르려면 충분히 애도하고 위로받아야 한다"고 말한다. 위로에서 가장 중요한 것은 수사학적 말이 아니라 그들의 말에 귀 기울여주고 진심으로 슬픔에 공감해주는 것이다. 유가족들이 여전히 분노 속에 사는 건 이 나라가 충분히 그 슬픔에 공감하지 않는다는 의구심을 품고 있기 때문이다.

정부는 세월호 특별법 시행령을 둘러싼 논란에 대해서도 조속히 입장을 정리해야 한다. 새누리당 김무성 대표는 16일 유족들을 만난 자리에서 "세월호 특별법 시행령은 내용이 복잡하니 유가족과 논의해 수정될 수 있도록 노력하겠다"고 했다.

국민도 세월호 유가족의 마음을 다치게 하는 불편한 시선을 가져서는 안 된다. 만약 자신이 그와 같은 일에 처했다면 똑같은 심정일 것이다. 우리의 아이들이 피지도 못하고 하늘로 보내졌다. 또한 그 억울한 과정이 생생하게 알려졌다. 그들이 사투를 벌일 때 대한민국은 아무 것도 하지 못했다. 모두가 죄인이다. 정말 다시는 이와 같은 일이 발생하면 안 된다. 그래서 모든 국민이 세월호 희생자의 부모가 되어야 한다. 절대 다른 시선과 왜곡은 없어야 한다.

지금까지 그랬던 것처럼 많은 국민들은 어린 학생들의 희생과 유가족의 아픔을 기억할 것이다. 그리고 '안전한 대한민국'을 만들겠다는 정부의 약속이 이행되는지를 똑똑히 지켜볼 것이다. 더 이상 갈등이 되풀이되는 건 희생자들도 원치 않는 일이라 믿는다. 이제는 함께 신뢰와 통합의 길을 찾아야 한다.

2015년 4월 20일 - 독서신문 1583호

2016년 어떻게 대할 것인가

영어 알파벳 A부터 Z까지 번호를 매긴다. A는 1, B는 2, C는 3… Y 25, Z 26이다. 그리고 단어를 떠 올리고 철자마다 매겨진 번호를 더한다. 그 단어가 100점에 가까울수록 만점인생이래나 뭐래나. 어쨌든, 평생 가슴 설레게 하는 단어 사랑(love)는 l이 12, o는 15, v는 22, e는 5, 즉 합이 54다. 인생 만점과는 거리가 멀다. 다음엔 happy를 보자. 66이다. 사랑보다는 행복이 더 값어치 있다는 건가. 이젠 money 점수를 보자. 72점이다. 만만찮은 점수다. 그러면 사랑해주고 돈 벌어다주면 행복해하는 아내(wife)는 몇 점? 겨우 43점. 아내를 점수매긴다니, 겁 없고 불경한(?) 짓이다.

자 100점이 있기나 한 걸까. 바로 attitude이다. 태도, 자세, 사고방식을 뜻한다. 즉, 매사를 어떻게 대하고 하루하루를 어떻게 사는가, 인생을 어떤 자세로 바라보는가에 그의 삶의 성패가 달려있다는 말이다. 확대 해석하면 재물과 사랑과 행복이 모두 바라보기 나름이라는 것. 생각하기에 따라 얼마든지 사랑이나 행복이 달라질 수 있음이다.

컵에 물이 반 있다. 누군가는 반 밖에 없다 하고 누구는 반이나 있네 한다. 비관과 낙관을 설명하는 대표적인 예 중 하나다. 즉 컵 속의 물을 바라보는 attitude다. “내 사전에 불가능이란 말은 없다”라는 천하의 정복자 나폴레옹이 죽기 전 한 말 “나는 평생 행복했던 날이 엿새가 안 된다.” 반면 귀머거리 벙어리였던 헬렌 켈러는 “나는 평생 행복하지 않은 날이 없었다”고 죽기 전 말했다. 인생을 바라보고 삶을 뒤돌아보는 두 사람의 태도가 극명히 갈린다.

기업인이나 장사하는 사람들에게 작년과 올해는 죽을 맛이었다고 한다. 작년엔 세월호 사고로 1년 내내 소비가 위축됐고 올해는 메르스로 또 지갑이 닫혔다. 절망의 나락으로 떨어질 수도 있지만 블랙프라이데이로 그나마 숨통이 트였다고 한다. 그래서 사람은 사는가 보다. 내년 전망은 암울하다. IMF사태를 연상케 한다는 말도 있다. 그때도 국민은 희망을 잃지 않았다. 금 모으기로 저력을 보였다. 우리 국민이 누구인가. 절망은 없다. 희망의 attitude다.

2015년 12월 23일 - **독서신문 1593호**

돈과 밥, 그 비극의 낚싯바늘

'이 세상이 우리에게 보여주는 모든 먹이 속에는 낚싯바늘이 들어 있다. 우리는 먹이를 먹는 순간에 낚싯바늘도 함께 물게 된다. 낚싯바늘을 발라내고 먹이만 삼킬 수는 없다. 세상은 그렇게 어수룩한 곳이 아니다. 낚싯바늘을 물면 어떻게 되는가. 입천장이 꿰여서 끌려가게 된다. 이 끌려감의 비극성을 알고, 그 비극과 더불어 근면해야… (하략)'

김훈 작가의 산문집 『라면을 끓이며』에 나오는 대목이다. 아들에게 하는 말이다. 현실을 현실로서 꿰뚫어보는 그 다운 실용주의가 빛난다. 먹이와 낚싯바늘, 그리고 입천장이 꿰여서 끌려가는 비극. 이 비극은 대부분의 사내가 다 겪어야 하는 밥벌이의 비극과 맞닿아 있다. 돈과 밥벌이. 새해라고 달라질 것도 없고 내일이라고 분량이 줄어드는 것도 아니다. 밥이라는 게 하루 이틀 먹고 말 일이 아니지 않은가. 죽을 때까지 먹어야 한다. 즉 죽을 때까지 밥알이 입천장을 지나야 한다. 낚싯바늘에 꿰여진 그 입천장을.

기성세대는 낚싯바늘에 꿰여져 어디론가 간다 치고, 청년들은 어떤가. 그들 앞에는 입천장을 꿸 낚싯바늘조차 없다. 세상에 먹잇감이 없다는 말이다. 방향감각을 잃고 회귀할 곳도 없어 그들끼리 부딪치고 비늘만 상한다. 꼬리지느러미의 힘찬 반동으로 강물을 거슬러 튀어 오르는 연어의 비상을 우리는 청년들에게 기대할 수 없다.

올해는 경제 형편이 더 어렵다는 게 중론이다. 이런저런 경제지표가 발표되기 전 이미 피부는 알고 있다. 체감은 그래서 더욱 현실적이다. 이런 가운데 어른들은 아직도 국회에서 아니 당사에서 자신들의 존재를 알리기에 혈안이다. 다가오는 총선은 그들의 먹잇감이 될 것이고 청년은 그들의 달콤한 정치적 수사의 낚싯바늘에 꿰일지 모른다.

들을 빼앗기면 봄도 빼앗긴다. 이상화의 시를 말하지 않아도 현실이 그런 말을 해준다. 먹잇감을 잃은 청년들은 이제 들마저 빼앗길 형편이다. N포세대인 청년들이 '들'을 빼앗기고 '봄'마저 포기하면 우리나라 미래는 어쩔 것인가. 그리고 근면한 청년들이여, 또 멀쩡한 직장인들이여 낚싯바늘 뭐라 하지 말라. 그 낚싯바늘이 있어 친구나 애인이 기뻐하고 마누라 자식들은 그들의 입천장을 타고 밥알이 넘어간다.

2016년 1월 6일 - 독서신문 1594호

응답하라, 여의도. 제발

오죽하면 국해(國害)의원일까. 민의를 대변하고 국익을 위해 분투하기 까지는 바라지도 않는다. 하루가 멀다 하고 아니 요즘은 한 시간이 멀다하고 정치판 뉴스가 전파를 타고 있다. 종편에선 정치가 좋은 먹잇감이 된지 오래다. 총선을 얼마 앞둔 지금이 정치계절의 피크가 아님을 감안한다면 아직 남은 구경거리는 많다. 여나 야나 오십보백보다. 여는 대선주자 관련해 내부 사정이 예민한 정중동 상태라 바깥 사정 다 살필 겨를 없고 야는 하나는 대표를 합네 마네 누가 나가네 들어가네 하면서 날이 새고 있고 다른 하나는 언제부터 국민을 생각했다고 그런 간판 내걸고 총선 연기를 외치며 자기 살 궁리부터 하고 있다.

국회가 국가에 해가 된다는 분석은 없다. 있다 해도 누가 공개할 것인가. 그러나 국민은 안다. 백해무익까지는 아니더라도 백해오십익 백해삼십익 될까. 삼십익도 많이 잡았나. 19대 국회 출범하면서 세비를 깎겠다고 여야가 한 입으로 말했다. 기억도 가물가물하다. 그런 일이 있었는지. 기억 가물가물 증상은 내 탓이 아니다. 기억해봤자 그럴 일(세비 삭감) 따위는 벌어지지 않을 거라는 지레짐작이 컸다. 국회 탓이다. 여야 탓이다. 그리고 언제 그랬냐는 듯 세비 올리려다 미수에 그쳤다. 언론에 들켰기에 말이다.

대통령이 경제 살리기에 올인하겠다고 TV에 나와 국회에 협조를 요청하면 민의정치 국회를 우습게 아냐며 힐난하고 하소연이라도 할라치면 네 탓이라고 말을 돌린다. 초점은 총선에 가 있고 밥그릇만 눈에 들어온다.

경제는 진짜 어렵다. 각종 지표보다 체감이 더 하다. 올해가 최악이 될 것이라는 분석은 여러 연구기관들이 일치하고 있다. 벌써 올해 성장률을 처음 발표 때 보다 낮추고 있다. 이렇게 어려움이 국민을 짓누르고 있는 마당에 국회의원들은 밥이 넘어가나.

드라마 '응답하라 1988'이 왜 시청률이 그리 높았을까. 복고주의에 편승한 것도 아니고 감성팔이는 더욱 아니다. 그 때 그 시절의 그리움 때문이다. 지금보다 좀 못 살았지만 가족 간의 따뜻함, 이웃 간의 정이 있던 때를 그리워함이다. 국회는 그런 따뜻함, 정 까지는 바라지도 않는다. 그저 싸우지만 말아라. 부끄럽다.

2016년 1월 20일 - **독서신문 1595호**

개성공단, 누구의 급소인가

개성공단 폐쇄는 이득인가 손실인가. 이득이라고 말하는 사람은 거의 없다. 초점은 손실에 있되 누구에게 얼마나 손실인가 하는 것이다. 개성공단 입주 기업에겐 비즈니스에 큰 손실이 아닐 수 없다. 가뜩이나 경기가 안 좋은 판에 또 하나의 악재임이 분명하다. 박근혜 정부로서는 중소기업 친화 정책을 스스로 무너뜨리는 자해적 요소도 강하다. 더구나 김대중 노무현 정부의 성과를 허문다는 일부 주장에는 별다른 반박을 내기 어렵다.

통일부장관은 개성공단 근로자에게 주는 월급이 핵개발 자금으로 쓰인다는 정보가 있다고 했다. 누구나 짐작할 수 있는 추측이 장관의 입에서 나왔다는 게 문제다. 여담이지만 굳이 이 상황에서 그런 말을 장관의 입으로 할 필요가 있는가. 박근혜 정부의 사람들이 참 입이 싸다는 말을 들어도 싸다. 이 발언 또한 자해성이다.

어쨌든 자해가 됐든 손실이 됐든 거친 상대를 길들이려면 자기희생도 어느 정도 감수할 수밖에 없다. 다행히(?) 개성공단 폐쇄는 그 파괴력이 한국보다는 북한에 훨씬 심각하다. 양쪽 경제력을 비교하면 그 파괴력의 차이를 실감할 수 있다. 개성공단에서 나눠주던 월

600만개의 초코파이는 이미 한참 전 끊겼지만(북측에서 불온하다는 이유로) 북측 근로자들의 대량 실직은 북한 사회의 불안요인이 된다. 김정은에겐 부담이다.

박근혜 대통령은 북한을 '브레이크 없이 폭주하는 기관차'라고 지칭했다. 엊그제 국회 특별연설을 통해 김정은 정권에 대한 기대를 접은 듯한 발언을 했다. 북한 체제 붕괴까지 염두에 둔 것이라는 게 일반적 분석이다. 북한 정권이 핵 개발로는 생존할 수 없으며 체제 붕괴를 재촉한다는 사실을 뼈저리게 깨닫도록 강력하고 실효적 조치를 취하겠다고 하며 개성공단 폐쇄는 시작에 불과하다고 말했다. 전문가들은 박 대통령의 연설은 북한에 대해 레짐 트랜스포메이션(regime transformation, 체제 변환)은 무의미해졌다는 의미로서 레짐 체인지(regime change, 정권 교체)를 선언한 것이나 마찬가지라고 말했다. 한반도 신뢰 프로세스는 사실상 끝났다는 뜻이다.

남북관계의 안전밸브라고 인식됐던 개성공단, TV로 보는 개성공단의 밤은 칠흑이었다. 전기 공급이 끊겨 더 이상 불빛을 볼 수 없는 국민의 마음 역시 어둡다. 그러나 개성공단의 어둠 너머 평양은 미사일 성공발사 불꽃놀이를 즐기고 있다.

개성공단 폐쇄는 급소가 돼 김정은에게 부메랑으로 돌아갈 것이다. 참으로 냉정한 박근혜 대통령의 손에 '차가운 채찍'이 들려 있다.

2016년 2월 17일 - **독서신문 1597호**

유커가 너무해

중국인 관광객, 이른바 유커가 전국 어디든 넘쳐난다. 관광도 인해전술이냐는 우스갯소리가 나올 만큼 이들은 많은 인원이 한꺼번에 움직인다. 우리로서는 매우 반가운 손님이지만 때로는 부담스럽기도 하다.

명동 화장품숍들이나 시내 면세점들이 즐거운 비명을 지르는 건 이미 오래 전 일이고, 얼마 전 인천에서 몇 천명이 치맥을 해 화제가 됐고 이젠 서울 한강변에서 또 몇 천명이 삼계탕 파티를 한다고 하니 장관을 이루겠다.

요즘 여의도 63빌딩 주변은 연일 유커들로 북새통이다. 이곳에 면세점이 생기면서 유커들의 관광 코스가 됐기 때문이다. 면세점은 물론 63빌딩 앞 도로는 대절버스로 전에 없던 체증이 심하다. 특히 이곳 찜질방은 여의도 주민 뿐 아니라 널리 알려진 곳으로 손님이 많은 편이다. 그런데 이곳이 유커들로 완전 '점령' 당했다. 한 내국인 손님은 이젠 아예 못 갈 정도라고 말한다. 시끄러운 게 첫째 이유, 그리고 욕탕 등 청결상태가 전만 못하다는 것. 그래서 유커가 뜸한

토요일 오전에 간다고 한다. 그랬더니 전부 내국인들로 붐볐다는 얘기도 전해준다. 그리고 주변 한 음식점은 아예 유커 손님만 받는다. 널찍한 내부 홀이 왁자지껄하다. 주변 음식점들은 내국인이 되레 줄어 기분이 상했지만 하소연할 수는 없는 일. 좀 떨어진 곳엔 유커 전용(?) 마트가 문을 열어 더욱 번잡해졌다.

이들은 식당을 나와 거리에서 떠들며 담배를 마구 피고 아무데나 비벼 끈다. 단속은 엄두도 못 내고 버스와 함께 떠나기만 바랄 뿐이다.

유커의 경제학을 들여다보면 엄청나다. 그들이 한국에 와서 뿌리는 돈은 상상할 수도 없고 그 덕에 명동이 살고 면세점이 움직이고 제주도가 흥이 나는 것은 분명하다. 그러나 뿌리는 돈 뒤에 뿌려지는 무언가가 우리를 불쾌하게 한다. 시끄러움(중국어와 불어가 가장 멀리 전달되는 대화 언어라고 한다), 공중도덕 의식 없어 보임 등은 때로 우리를 당혹케 한다.

그렇다고 이들을 일일이 계도할 수도 없고, 따라다니면서 담배꽁초를 주울 수도 없는 일이고… 그렇다고 그냥 보자니 참 찜찜할 일이 아닐 수 없다. 유커가 많이 모이는 곳에 금연 정숙 등 안내 입간판이라도 세워야 할 판이다. 당국은 무슨 생각이 있나.

2016년 5월 4일 - **독서신문 1602호**

우리는 지금 다수결의 고통을 보고 있다

우리는 지금 민주주의 발상지에서 민주주의 대원칙의 하나인 다수결 원칙의 고통스러운 결과를 목도하고 있다. 국론은 분열되고 세대 간 갈등이 커지는 국내 문제뿐 아니라 지구촌 경제 및 세력 지형까지 출렁이게 만들고 있다. 영국의 브렉시트 말이다.

당초 투표 직전까지 여론조사는 잔류가 다소 우세했다. 그러나 조사는 조사일 뿐, 결과는 아슬아슬 탈퇴로 결판났다. 바로 국제경제 쇼크를 불러오고 각국 증권시장은 패닉에 빠졌다. 단 하루만에 4천 몇 백조가 연기처럼 사라졌다.

영국 전역이 엄청난 후폭풍에 시달리고 있다. 잔류를 주장했던 유명인들은 영국이 퇴보할 것은 뻔하고 현 국민들은 역사의 죄인이 될 것이라는 걱정을 쏟아내고 있다. 역시 잔류 편이었던 젊은이들도 기성세대를 비난하고 나섰다. 기성세대는 운이 좋아 공짜로 대학 다녔지만 우리는 아니다. EU 다른 나라에 취업도 힘들게 됐다고 분노를 터뜨린다.

기세등등할 것 같은 탈퇴파는 요즘 뭐하고 있나. 외신에 따르면 며칠새 코가 쑥 빠졌다. 자신들이 탈퇴 때 내세운 핵심공약이 거짓으로 들통났기 때문이다. 특히 천문학적인 EU 분담금을 영국인 복지에 쓰겠다더니 선거 끝나자 "계산 실수였다"고 발뺌하고 언제 그랬냐는 식이다. 미국 신문들도 이른바 '팩트 체크'에 나서며 탈퇴파의 공약을 검증하고 나섰다. 대부분 과장 왜곡됐다는 주장이다. 이런 가운데 영국에서는 국민투표를 다시 하자는 서명운동 동참자가 나날이 늘어나고 정치권에선 잔류를 다시 논의하자는 움직임도 있다.

어쨌든 영국인 다수는 무언가 선택을 해야 했고 브렉시트가 그 결과이고 결과는 우선 온전히 영국인들 몫이다. 그렇다면 이번 영국인들 결정은 뭐가 잘못됐나. 많은 사람들은 잘잘못을 떠나 당장 현실적 파급력이 엄청나고 손실이 따르기에 '잘못' 됐다고 생각한다.

다수결은 대의정치 실현의 중요한 수단이지만 중우(衆愚)정치 등 잘못된 결정과 소수에 대한 배려 부족 등 문제를 드러내기 마련이다. 우리나라 정치 역사에서도 그 예를 쉽게 찾을 수 있다. 사사오입 개헌 등이 그것이다. 다수결, 인류는 이 약점을 보완할 민주적 장치를 아직 찾지 못했다. 인류에게 이것이 고통이라면 고통이다.

2016년 6월 29일 - **독서신문 1605호**

"국민은 개·돼지"… 또 다른 사이코패스

아무리 술자리였다고 해도 너무했다. 기자들과 격의 없는 대화였다 해도 너무했다. 국민이 개 · 돼지라니…. 졸지에 개가 되고 돼지가 된 국민의 공분을 산 교육부 간부는 망언을 남기고 파면됐다. 그 간부가 인용했다고 주장하는 영화 대사는 '내부자들'에 나온다. 영화 속 막강 언론사의 논설주간이 하는 말이다. 비리 온상 재벌 회장에게 여론에 신경 쓰지 말라는 조언(?)이다. 하필 대사 주인공이 언론사 논설주간이라는 게 참 씁쓸하다.

최근 조정래 작가는 피를 토하듯 이 망언을 규탄했다. 개 · 돼지의 세금으로 먹고 사는 그는 누구일까. 개 · 돼지에 기생하는 기생충이 아니냐고 목소리를 높였다. 조 작가는 나아가 교육부 전체 분위기가 그 따위였다고 질타했다. 교육부 간부이기에 더 비난 받아 마땅하다.

이런 말도 있다. "우매한 대중은 다스려야 해. 그 때 귀족성을 내세우면 안돼. 차별에 민감한 대중들이 상처받거든. 입 밖에 내지 말고 조용히 실천하라는 말이다. 그런 게 힘이다" 이는 인기 드라마에 나오는 권력자의 말이다. 권력자나 부자들의 갑질 대사는 전파를 타면 허공에 뿌려지고 그 뿐이다.

그러나 이들의 대사가 실제 사람의 입을 통해 세상의 공기를 만났을 때 그 파급은 전혀 다른 양상을 띤다. 드라마는 시청률의 상승을 보여주겠지만 세상(국민)은 그를 단숨에 버릴 수 있음을 보여 준다. 세상은 무자비한 폭언에 고탄성의 반발력으로 맞받아친다. 그런 예를 몇 년 사이 몇 번이나 볼 수 있었고 그 주인공들은 어김없이 포토라인에 서야 했다.

작가 정유정은 사이코패스에 대해 일가견(?)이 있다. 스스로 범죄심리학을 독학했다 말하고 글을 쓰기 위해 실제 살인마를 만나 인터뷰도 했다. 대체로 머리 좋은 이들의 범행은 극심한 사회 부적응에서 비롯됐다고 정 작가는 말한다. 정유정의 말을 이번에 대입해보자. 국민은 개 · 돼지라는 말은 '국민 부적응'이다. 말의 칼은 이미 많은 국민의 마음을 후볐다. 칼만 안 든 '말하는 사이코패스'다.

2016년 7월 13일 - 독서신문 1606호

김영란법, 지금부터가 진짜다

명분이 뚜렷한데 누가 반대하랴. 뻔한 현상을 목도하면서 누가 주저하랴. 내일은 이렇게 달라진다는데 오늘의 누가 트집 잡으랴.

김영란법이 합헌 결정이 났다. 개인적 판단으론 다소 의외다. 주변에서도 의외라는 반응이 적지 않다. 의외라는 판단 근거는 대체로 이렇다. 법이 너무 세기 때문에 재판관들도 주저할 것 아니냐는 것. 다른 하나는 내수가 부진한데 법이 나오면 더 먹고살기 힘들어질 것이라는 현실적 무게를 염두에 둔 것이다.

그러나 합헌을 지지하는 사람 주장은 '우리도 이럴 때가 됐다, 요즘 부정부패 좀 봐라 어떤가, 부패공화국을 대물림할 수는 없지 않느냐'로 모인다. 이런 사람들 앞에서 내수 부진 운운은 속절없다.

사법적 판단은 늘 보수적이었다는 선입견 때문에 이번 합헌 결정은 다소 진보적이라는 생각이다. 진보와 보수를 나누는 명확한 기준을 어느 글에선가 봤다. 현재의 모습에서 10년 뒤를 보며 판단하는 게 보수주의자고, 10년 뒤의 자리에서 현재의 모습을 보는 게 진보주의자라고 했다. 이 말이 맞다면 이번 헌재 판단은 진보에 가깝다. 작금의 이런저런 어려움 때문에 부정부패 척결이라는 역사적 숙제를 미룰 수는 없다는 헌재의 입장 발표가 바로 그런 점에서 무겁게 다가온다. 그래서 언론에선 의외라는 단어를 많이 쓰는 것 같다는 짐작이다.

일부 언론이 '의외'라는 말을 쓰는 까닭은 다른 데 있다고 꼬집는 사람도 있다. 접대 향응에 익숙한 기자들이 이젠 점심 한 끼도 제 돈 내고 먹어야 할 입장이 됐으니 어디가서 '폼'잡기 어려워졌기 때문이라는 비아냥 섞인 말도 어찌 보면 아주 빈 말도 아니다. 몇몇 신문사가 취재비 인상을 검토하고 있다는 소문은 그동안 기자들이 '얻어먹었다'는 반증이 아닌가 해서 말 꺼내기도 조심스럽다.

그래도 TV에 나와 이젠 망했다며 울분을 터뜨리는 화훼업자나 한우농가 사정에 비하면 기자는 약과다. 이들 업자나 농가 아저씨들의 굵은 손마디를 보라. 나는 그들보다 훨씬 고운 손으로 이 글을 쓴다. 화훼업자 한우농가 현실 등을 살펴 김영란법 보완이 필요하다는 글을 다음에 써야겠다.

2016년 8월 3일 - **독서신문 1607호**

노인, 이 나라의 '버킷 리스트'

며칠 전 서울 풍납중학교 교장실. 머리숱 많은 교장이 연신 허리를 굽히며 인사를 한다. 상대는 머리가 훨씬 희고 숱도 없는 교직 선배들. 전직 교장들의 모임인 한국중등교장평생동지회 회원들이다. 평생동지회라니 혈맹의 동지처럼 의지가 굳센 단체 같다. 노인들의 모임이라고는 생각되지 않을만큼 교장실은 돌연 왁자지껄하다. 오늘이 바로 학생들에게 경로효친 강의를 하는 날이다. 회원들이 중학교를 돌아가며 학생들에게 경로효친을 한 시간씩 강의하는 날이라 서로 교안을 보며 지난 강의 얘기하며 애들처럼 웃고 떠든다. 노년의 행복을 본다.

회원 교장을 따라 교실에 갔다. 전직 교장선생님인 이 노인은 노트북을 열어 TV에 프레젠테이션 화면을 띄우더니 목소리를 높인다. 카랑카랑한 목소리는 옛 학생주임 시절 '기백'을 엿보게 하고 지시봉을 든 손에서는 평교사 시절 '열정'을 느끼게 한다.

중학생들은 어떤가. 학생들 대부분 졸 것이라고 생각했다. 이른바 '꼰대'들의 '경로효친' 강의라니, 말 그대로 재미는 꽝일 것이라는 짐작이지만 그래도 질문에 큰 소리로 답하고 따라 읽는 모습은 기특하기까지 했다.

교단에 선 노인은 동서를 가르고 고금을 넘나들며 다양한 경로효친의 사례를 우스개와 섞어 열강을 하고 책상의 학생들은 시간이 지나면서 졸린 눈이 살아나며 집중하는 모습이다. 학생들은 이런 강의를 들어본 적이 없다고 한다. 경로효친에 대해 가정이든 학교든 일언반구 들어본 적이 없다. 당연히 네이버에서 키워드로 검색해 본 적도 없다.

경로효친이 이미 체화된 노인들과는 메울 수 없는 시공간이 이렇게 깊다. 그 공백을 메우는 일을 이 노인들이 하고 있다. 이들은 시대의 공백을 메우고 있는 것이다. 더듬더듬 인터넷을 하고 안 보이는 눈 비벼가며 카톡을 하면서 교안을 만든다. 학생들 앞에 서면 노후의 '심지'가 새로 돋아나 힘이 난다고 한다.

어떤 이는 은퇴 후 버킷 리스트를 만들라 한다. L은 Leisure(여가), I는 Insurance(보험), S는 Safe asset(안전 자산), T는 Travel(여행)이라며 준비할 것을 권한다. 이 노인 교장선생님들은 경로효친 강의를 통해 '여가'를 활용하고, '여행'삼아 이 학교 저 학교 오가며 건강을 챙기니 그 또한 노후'보험' 아닌가. '안전 자산'은 그동안 키운 제자들일 것이다. 이 나라는 오늘의 한국이 있게 한 이들 노인들에 감사해야 한다. '코리아 버킷 리스트'가 있다면 1순위는 '노인'이다. 그리고 이 노인들이 죽기 전 '경로효친 버킷 리스트'도 만들자.

2016년 8월 25일 - 독서신문 1608호

최순실, 탄핵, 그리고 야당의 '골든타임'

비아그라가 고산병 고치는 데 약효가 있는 줄은 처음 알았다. '대리처방'이라는 단어도 낯설다. 하루 종일 쏟아지는 그녀 얘기는 클라이맥스를 짐작할 수 없다. 얼마나 더 많이 대한민국에 상처를 줘야 끝날까. 얼마나 더 많은 사람이 검찰 포토라인에 서야 이 막장드라마는 끝날까.

분노는 주말마다 촛불로 타오르고 좌절감은 입에서 입으로 험하게 전달된다. 배신감은 이미 허탈함으로 바뀌었고 비통함은 여고생 뼛속까지 스미고 있다. 최순실, 박근혜, 이들을 어이할꼬.

좀 냉정해지자. 순서를 따져보자. 경우는 많이 다르지만 박정희 암살 이후 이른바 '서울의 봄'을 떠올리는 건 너무 불순한가. 당시 서로 자신이 나라의 주인이 된 양 설치다 결국 누구에게 좋은 일 시켰나. 국민은 짓밟히며 처절한 몇 년을 보내는 대가를 치렀다.

몹쓸 망각에서 역사의 퇴보는 일어나는 것일까. 그로부터 몇 년 뒤 또 한 번 민주화에 실패한다. 야당 대통령 후보 단일화를 이루지 못한 대가는 군 출신에게 정권을 넘기는 혹독함을 치러야 했고 수많은 젊은이는 아스팔트에서 최루탄에 맞서야만 했다.

지금도 어떤 점에선 그때와 닮았다. 야당에 기회가 왔다고 하는 점에서. 그리고 야당의 혼란스러움이 걱정된다는 점에서 닮았다. 최근 야당이 골든타임을 놓쳤다는 견해가 지배적이다. 박근혜 대통령이 국회를 찾아와 총리를 추천해주면 받아주겠다고 했다. 야당 대표는 일고의 가치도 없다고 뿌리쳤다. 총리를 추천했다면 야당의 행보는 훨씬 유연하고 어떤 의미에서든 주도권은 확실히 잡았을 것이다. 그렇게 골든타임은 놓쳤다. 세월호 골든타임 놓치듯. 청와대의 기가 살아나는 순간이었다.

이제 방법은 탄핵 밖에 없는 것으로 의견이 모아지고 있다. 정족수가 모자라느니, 셈이 안 맞느니, 아전인수 해석이니 말도 많고 정파 따라 밀고 당기기가 한창이다. 여기에 탈당이다 분당이다 하며 대권 군불도 때고 있다. 이미 한 대권주자는 대통령이라도 된 듯 박근혜 대통령의 사면 비슷한 말을 한다. 누가 최순실 게이트 사면권을 주었나. 자가당착도 분수가 없다. 어쨌든 야당이 탄핵에 대해 아직 계산상 확실한 승기를 못 잡고 있는 것 같다. 총리 문제, 정족수 확보 문제, 헌재 재판관 문제, 야당끼리 세력다툼 등 이른바 정치공학이 총동원된 방정식이 되고 말았다. 골든타임을 놓친 대가다.

촛불집회에서 보여준 성숙한 시민의식은 특정 상대와의 싸움에서 승리했다는 의식적 포만감에서 비롯된 것으로 보인다. 반은 무너뜨렸다는 판단에서다. 이제 절반은 정치권 몫이다. 정치권이 승리하지 못하면 촛불의 불똥은 어디로 튈지 모른다. 최악이 안 되기를 빌 뿐이다.

2016년 11월 23일 - 독서신문 1613호

"한 몸 불사르겠다"

반기문이 입을 열었다. 여러 차례 이런저런 모임에서 대권 도전 뜻을 긴가민가하게 했던 그가 거의 확실하게 대권 도전 뜻을 분명히 했다. 그런데, 단어 선택이 묘하다. 아니, 매끄럽지 못했다. 외교관 출신답지 않게 다소 격해 보이는 화법이다. 두고두고 '씹힐만한' 단어를 쓰고야 말았다. "(대한민국 발전을 위한다면) 한 몸 불사르겠다"라니, 결기가 확 느껴지는 충정은 이해하지만 평소 그답지 않았다는 게 중론이다. 너무 강해 진정성이 의심된다.

그냥 '한 몸 희생하겠다, 헌신하겠다'라고 하거나 '역할이 주어지면 최선을 다하겠다, 국민이 원한다면'이라거나 혹은 '조국에 돌아가 보답할 차례가 된 것 같다'라고 했으면 좋았을 것이라고 말하는 이도 있다.

이제 반기문은 도마에 올랐다. 수면 아래 있다가 일단 뜨면 경쟁자는 물론 국민의 눈은 매서워지고 언론은 '먹잇감'을 찾는다.

벌써 경쟁자들은 한마디씩 하고 나섰다. 친일 꼭두각시이며 역대 최악의 유엔 사무총장이라는 세계 유수의 언론 평이 있더라, 외교행낭을 개인 용도로 썼다더라, 하는 글도 눈에 띄고 어떤 논객은 불사른다니? 전쟁과 기아로 고통받는 난민 어린이를 위해 불사르라고 꼬집었다. 어떤 논객은 그를 '미끄러운 뱀장어'라며 자기보신과 처신에 능한 인물이라고 깎아내렸다.

그나마 다른 유력 경쟁자가 탄핵이 헌재에서 인용되지 않으면 혁명 밖에 없다고 무책임한 말을 해 인기가 꺾인 게 그로선 다행이라면 다행이다. 반 총장은 최근 인기조사에서 1위를 탈환했다. 국내 유력 언론들은 정중동(靜中動)이다. 판단을 유보하고 있는 눈치다. 귀국 즉시 유엔총장으로 누렸던 언론과의 '허니문'은 끝난다.

국내 상황이 너무 엄중하기에 발언은 값어치가 있어야 하는데 그렇지 못했다. 정국은 이미 대선 소용돌이 속에 한 발 담갔고 청년 취업절벽이라는 말로 대변되는 경제는 바닥이고(더 문제는 누구 하나 경제 외치는 사람이 없다) AI는 국정공백을 틈타 창궐하고 계란값도 뛰었다. 서민만 죽어난다.

대통령중심제 한국으로선 대통령이 정말 할 일이 많고 책무 또한 막중하다. 당장은 숨가쁜 대선 레이스를 펼쳐야 하고 경제 살리기에 한몫해야 하고 국정 청사진도 만들어야 하고…. 반기문은 남은 스케줄 동안 할 일이 너무 많다. 그러기에 '한 몸 불사르기'엔 이르다. 대통령에 당선되고 나서 해도 늦지 않은 말이다. 아니, 나중 회고록에나 쓰기를 바란다.

2016년 12월 23일 - 독서신문 1614호

민심 change, 한국 chance

새해 정국 전망이 쏟아져 나온다. 말 좀 하는 평론가들은 죄다 종편에 나와 이러쿵저러쿵 어쩌고저쩌고 풀어내는 말들이 성찬이다. 정국 현안이자 최대 변수는 헌재의 탄핵인용에 달려 있다는 게 결론인 것 같다. 즉, 탄핵인용 결정이 언제 나오느냐다. 이에 맞춰 대통령선거가 5월에 치러지면서 '벚꽃대선'이 될지, 한여름에 치르는 바캉스대선 또는 찜통대선이 될지 결판이 난다. 다만, 헌재가 속도를 낸다면 5, 6월이 유력하지 않느냐는 관측도 있고 더 늦어질지도 모른다는 말도 나오고 있다. 입장에 따라 희망하는 바다.

정국의 변수는 곧 한국 전방위에 걸친 변화를 가져오기 마련이다. 이미 한국은 변화의 소용돌이에 깊숙이 들어왔다. 어떤 완력으로도 거부할 수 없는 급류는 정치 토양의 변화, 인물의 변화, 나아가 한국 현대정치사의 변화를 내다보게 한다.

그런데, 역사에서 늘 그러했듯 변화의 원천에 주목해야 한다. 그 원천이 얼마나 동력이 강해 미래를 끌고 갈 수 있느냐 하는 것이다. 그 동력에 따라 파급은 누대를 걸칠 수도 있다. 지금 우리는 그 동력을 보고 있다. 바로 촛불이라는 민심이다.

촛불은 사람에서 사람으로 옮겨가며 힘을 붙여 급기야 정치 심장부를 꿰뚫고, 결코 비정상과 불합리를 용서할 수 없음을 광장에서 확인했다. 붉게 넘실대는 불빛은 불의를 사르고 권력은 결코 특정 장소에 있지 않음을 보여주었다.

그 촛불이 이제 한국의 변화를 바라고 있다. 과거 아스팔트 위에서 맹렬하게 흔들던 주먹 대신 촛불을 드는 게 큰 변화라면 변화고 성숙이라면 성숙이다. 그래서 은은하고 지속적이고 평화롭고 감동적이기까지 하다. 성내지 않음에 권력자들은 더 오금이 저릴 것이다.

지금 변화의 절정을 맞이할 선택의 순간이 오고 있다. 민심은 충분히 예고했듯이 변화의 준비를 갖추고 있다. 이른바 대권주자들이 이런저런 발언으로 민심 '간'을 보고 있다. 그저 다 배고픈 사람들로 보인다는 말도 나오고 그 밥에 그 나물이라는 비아냥도 있고 다 시원찮다는 비관론자도 더러 있다. 일단 모두 경계해야 한다. 제대로 신상을 털어야겠다. 어떻게 얻은 선택의 기회인가.

변화는 영어로 change. g를 c로 바꾸면 chance다. 민심이라는 강은 도도하게 흐르다 한바탕 굽이치면 주변 문전옥답도 휩쓸어 가지만 때론 저만치 새로운 옥토를 일군다. 지금이 그 때다. 변화를 갈망하고 있고 한국은 기회다. 혹시 g를 박근혜의 '근' 머리글자로 착각하고 c를 자기 이름에서 찾는 아전인수 우매한 정치인이 있을까 걱정이다.

2017년 1월 6일 - 독서신문 1615호

'과거의 현실들'이 떠오르고 있다

역사의 변곡점은, 혁명이 됐든 전쟁이 됐든, 당대 일반 당사자들은 잘 모르고 지나간다. 혁명에 촛불을 댕긴 게 때론 아주 사소하고 전쟁의 도화선도 때론 엉뚱하기도 하다. 프랑스대혁명도 굶주린 시민들의 빵 한 조각에서 비롯됐다는 역사학자의 주장도 있고 1차 세계대전은 단 한 발의 총성이 낳았다.

그래서 시민계급의 출현과 민주주의로의 첫 발은 우연인가 필연인가. 또한 그 총성은 민족자결주의를 낳았고 우리의 3 · 1만세운동도 무관치 않다. 역사의 우연은 필연을 가장한 '보이지 않는 손'의 장난이다.

우리 안으로 눈을 돌려보자. 현직 대통령을 직무정지 시키고 관저에 칩거케 하고 탄핵 인용이라는 중요한 통과지점을 앞두고 있으며 대통령이 결국 탄핵되고 사법처리까지 갈 수도 있는 상황은 태블릿PC가 단초였다. 태블릿PC '발견'은 앞서 드러난 이런저런 징후의 결과물이랄 수도 있지만 판도라의 상자 구실을 하며 세상을 들었다놓았다를 반복하고 있다. 우연인가 필연인가.

이러한 정치적 내부 소용돌이는 외연을 확장시키기 마련이다. 체제의 벽에 갇혀 저 아래 앙금으로 남아 있던 '과거의 현실'들이 수면 위로 떠오르고 있다.

체제의 벽은 박정희로부터 시작된 이른바 보수 프레임이다. 이 프레임은 야당 대통령 등을 지나면서도 살아 있는 실체였음을 박근혜 대통령의 통치에서 알 수 있었다. 검찰 국정원 등의 얼마 전까지의 행태를 보라. 세상은 그동안 조금도 변하지 않았음을 목도했다. 그러나 박근혜는 스스로 체제의 끈을 놓치고 그 끈은 이제 박의 주변에 머물러 있지 않다. 박근혜 측이 그토록 싫어했던 인물들에게 그 끈의 한 쪽을 주었다. 박근혜의 우연인가 박정희의 필연인가.

세상이 변하고 있음을 여러 곳에서 볼 수 있다. 그 변함은 구체제의 청산이라는 이름으로 불리기를 바란다. 아니 박 프레임을 벗어나 진정한 민주의 길로 들어서는 변곡점이 되길 바란다.(박정희에 대한 평가는 여전히 논란을 부른다.)

5 · 18 민주화운동 진실규명이 다시 목소리를 높이고 있다. 진실규명은 차기 정부의 중요한 과제로 떠올랐다. 또 한 야당 의원은 해직 언론인복직법을 발의했다. 새로운 논쟁을 부르기보다는 매듭을 제대로 짓는 계기로 삼아야 할 것이다. 박정희 그늘을 벗어나야 한다

는 분석이 가능하다. 이 또한 우연인가 필연인가.

구체제 청산이라는 말도 사실 구체제적이다. 새로운 정권이 들어설 때마다 청산의 대상이 됐던 게 바로 '지난 날'이었다. 그래도 정작 청산하지 못했던 것들은 아직도 역사의 밑바닥에서 앙금으로 있었던 거다. 그 누구도 휘저어 흙탕물을 만들고 싶지 않았고 뒷감당 할 엄두를 내지 못했다. 그 불편한 진실을 우리는 한 세대 넘게 눈을 감고 있었던 것은 아닌가.

이제 문단에서도 한 시대를 마감하려는 움직임이 작품으로 나오고 있다. 나이 70안팎의 김성종 · 김훈 작가가 한국현대사를 배경으로 신작 소설을 냈다. 그들의 역사인식 역시 '버텨왔던 고난의 시기'를 마감하고 '열린 시대의 제 목소리'를 향한 노력의 단면이다. 블랙리스트로 딱지 붙은 시인 · 작가들이 이 정권에 분노하며 펜을 들 것이다. 우연인가 필연인가.

청산할 것이 많을수록 기록은 폭이 넓고 깊이를 더해야 한다. 문인들의 분투를 빈다.

2017년 2월 13일 - **독서신문 1617호**

가짜뉴스, 두고 볼 때가 아니다

박영수 특검이 여기자를 성추행했다. 미국 트럼프 대통령이 박근혜 대통령 탄핵을 반대한다. 박원순 서울시장이 (촛불집회 때문에) 서울시청광장을 스케이트장으로나 사용할 걸 하고 후회한다. 믿어지십니까. 모두 가짜뉴스다. 최근 가짜뉴스가 횡행하고 있다. 시국이 혼란한 틈을 타 탄핵이나 특검 관련 내용을 황당하게 비틀고 북한 움직임에 대한 가짜 내용도 많다. 이는 SNS를 타고 삽시에 번진다. 그럴듯할수록 효과는 크다.

기자는 팩트(fact, 사실)를 금지옥엽으로 여길 것을 입사 때부터 귀에 못이 박이도록 듣는다. 팩트를 떠난 기사는 멋대로 찌라시와 다름없다. 팩트 한 줄을 취재하려고 기자들은 노숙자든 장관이든 가리지 않고 확인하려 든다. 한마디 말을 들으려고 포토라인에 섰다가 우병우에게 레이저를 맞기도 한다. 객관성 있는 팩트 전달 때문이다.

한 방송국 제작진이 가짜뉴스앱 개발자를 만났다. 뜻밖에 대학생이었다. 잠깐이면 한 건 만든다. '소음이 정신건강에 좋을 수 있다.-

미국 OOO.' 뉴스를 몇 가지 키워드만 넣어 뚝딱 만들었다. 포털에서 보는 뉴스와 다를 바 없다. 그런 식으로 만든 가짜뉴스 중 하나가 영국 일본 학자가 탄핵에 반대한다는 내용. 두 나라 학자 이름을 검색했더니 일본 애니메이션 주인공이었다. 어처구니없지만 이런 게 인터넷 공간을 떠다니면서 확대 재생산되고 사실로 굳어지고 있다. 분야도 정치 뿐 아니라 경제계에도 미치고 있어 증권 관계자는 웬만한 기업 하나는 가짜뉴스 한 건에 무너질 수 있다고 말한다.

오프라인도 가짜가 극성이다. 얼마 전부터 촛불집회에 맞대응하는 태극기집회 물결에 몇몇 정체불명 종이신문이 등장, 탄핵 기각을 주장하며 박근혜 살리기를 외치고 있다. 발행인이나 연락처도 제대로 명시되지 않은 것으로 집회 현장에서 '사실 보도, 바른 언론'으로 둔갑해 배포되고 있다.

사실 가짜뉴스는 어제 오늘 일이 아니다. 광우병으로 세상이 시끄러울 때도 이를 부채질 한 것은 '한국인은 광우병 걸릴 확률이 높다' '광우병은 공기로도 전염된다' 등의 가짜뉴스였다.

그러면 누가 가짜뉴스 소비자인가. 자신이 원하는 것만 믿으려는 세력, 학력이 낮은 사람들이라는 추측이 가능하다. 그러나 학자들 견해는 꼭 그렇지는 않다는 것. 그러기에 뉴스 소비자 입장에선 가짜뉴스는 접하면 접할수록 가짜에 더욱 깊숙이 들어가게 만드는 늪이다. 다만 그 배후는 대체로 명확하다. 자신의 이념과 정체성을 확보해 세력을 부풀리려 한다는 게 정설이다. 거기에 약간의 상업성이 개입되면 날개를 단 셈이다.

이런 가짜뉴스는 국정농단 못잖은 '언론농단' '국민농단'이다. 국민 정신건강을 좀먹고 판단능력을 앗아가는 독약이다. 정상 언론에겐 공적(公敵)이다. 그러나 한편으론 부실한 기존 언론 틈 사이에서 태어난 독버섯 같기에 언론인의 한 사람으로 자괴감과 함께 책임을 통감한다.

이제 언론에겐 가뜩이나 어려운 판국에 또 하나 무거운 짐이 생겼다. 가짜뉴스 척결이다. 이는 기존 언론의 보호망 마련이라는 소극적 대응을 떠나 뉴스 소비자인 국민 알권리 보호라는 측면에서 매우 중요해졌다. 인터넷 언론은 장점 못지않게 문제점이 여러 경로를 통해 국민들에게 알려져 있는 마당에 가짜뉴스까지 활개 치면 인터넷 언론은 옥석을 가릴 틈도 없이 매도당하기 십상이다.

뉴스 소비자에게 가짜뉴스 판별능력을 요구하기에 앞서 제도적 장치를 만들어야 한다. 언론 자체의 노력과 함께 정치권의 동반자적 합심이 요구된다. 뉴스가 쏟아지고 이해가 첨예하게 대립하는 대선이 멀지 않았기에 더욱 급하고 절실하다.

2017년 3월 13일 - **독서신문 1619호**

'장미 대선' 최대 변수 60대, 옛날 60대가 아니다

과거 60대는 노인이었고 노인 대접을 받았다. 환갑잔치를 동네가 떠들썩하게 하고 결혼한 아들 딸이 절을 올리며 만수무강을 빌었다. 손주도 여럿 있으면 더 행복해 보였다. 오래 전 얘기도 아니다. 환갑잔치를 찾아보기 힘든 요즘 60대는 어떤가. 베이비 붐 세대로 정년퇴직한 사람들이 이제 막 60대 대열에 들어서고 있다. 경제적 능력도 있고 무엇보다 이전 세대보다 많이 배웠다.

60대의 겉모습과 속내가 이렇게 달라지면서 정치판이 새삼 주목하고 있다. 특히 대선 주자들의 이들을 향한 구애와 셈법도 다양하다.

60세 이상 인구가 처음으로 1천만 명을 넘었다. 1월말 기준 1천18만명으로 전체 19세 이상 유권자 인구의 24%를 차지한다. 유권자 4명 중 한 명이 60세 이상이라는 말이다. 50대 인구도 조금 늘었다. 그러나 20대 인구는 675만명으로 전체 비중 15.9%로 줄었다. 지난 대선 때 전체 유권자의 20.1%를 차지했던 30대는 큰 폭 감소했다.

752만명으로 17.8%를 차지, 2.3%포인트 하락했다.

같은 60세 이상이라도 미묘하게 갈린다. 이 틈을 대선 주자들의 정치공학이 파고 들 것이다. 우선 이른바 태극기 집회에 나가는 60대(또는 그 이상)를 보자. 이들은 박정희 향수에 젖어 보수 중 보수를 자처하고 있고 박근혜를 가장 '인간적'으로 보고 있다. 이번 탄핵에 대한 입장도 일반 정서와 많은 차이를 보인다.

같은 60대라도(굳이 진영논리로 본다면) 생태적으로 진보에 가까운 사람도 꽤 있다. 특히 60대에 막 접어든 베이비 붐 세대는 대학 때 시위를 경험했고 무엇보다 군사정권이라는 엄혹한 세월을 몸으로 겪은 세대다. 이들은 절대 보수 편향이 될 수 없다.

그런데, 요즘 새로운 기운이 잡힌다.(굳이 진영논리로 본다면) 보수 진보로 가릴 수 없는 경계인이 늘었다. 보수라고 하기엔 변화추구 이유가 뚜렷하고 진보라고 하기엔 안보논리가 양보 없다. 특히 최근 촛불집회를 보면서 자신의 정체성과 국가란 무엇인가를 곱씹었고 태극기 집회를 아울러 보면서 우리 시대를 지배하고 있었던 것은 무엇인가를 다시금 생각하기도 한 계층이다.

변해야 한다.(굳이 진영논리로 본다면) 이들 새로운 60대, 이 계층의 깨달음이다. 촛불집회를 보면서 한 시대가 종언을 고하고 있음을 보았다. 박정희 틀이 이젠 바뀌어야 한다는 자가진단을 하기에 이른 것이다. 60대 초반 계층은 박정희 5 · 16군사혁명(또는 쿠데타) 때 초등학교도 들어가지 않았었고, 김신조 무장공비 사건을 보고 들었고, 공산당이 싫어요를 따라 외쳤고, 국민교육헌장을 달달 외워야 했다. 유신개헌을 제대로는 몰랐지만 체육관에서 선거를 치름을 알고 의아해했다. 그러던 박정희가 자신의 부하에게 총을 맞아 죽은 이튿날 대학 정문에 진주한 탱크를 목도했다. 초등학교(당시 국민학교)부터 대학 졸업 때까지 박정희와 함께 했고 이어서는 전두환 노태우 등을 경험했다. 아스팔트 위 넥타이부대도 이들이다.

이들이 나라가 변해야 한다고 작심하고 있다. 박정희 박근혜를 겪으면서 무엇을 얻었나. 아니 무엇을 잃었나, 몇 달 전부터 광화문을 보면서 이들은 이런 셈을 하고 있었다.

2017년 3월 27일 - **독서신문 1620호**

인터넷언론이 갈 길, 새 정부와 함께 걷는다

인터넷신문이 때론 동네북이다. 너무 많다고 도마 위에 오르고, 기사 베낀다고 지탄 받고, 광고인지 기사인지 모르는 기사 싣는다고 욕먹고 있다.

많기는 많다. 문체부 등에 따르면 지난해 말 현재 각 시 도에 등록된 인터넷신문은 6084개다. 그나마 2015년 말보다 263개 줄었다. 미디어 환경이 온라인으로 급변하면서 하루가 다르게 늘던 인터넷신문이 줄어든 것은 정부의 신문법 시행령 개정으로 인터넷신문 등록요건이 강화됐기 때문이라는 풀이다. 여기에 인터넷신문 시장 자체가 포화상태라는 분석도 있다. 시장 포화는 필연적으로 과도한 경쟁을 부르고 그 경쟁은 신문 품격의 훼손까지 불사하기도 한다.

기사 베끼고 광고성 기사를 게재하는 등 고질적 문제는 인터넷언론의 일각을 지키고 있는 사람으로서 참 부끄럽고 할 말이 없다. 인터넷신문위원회(인신위) 자율심의에 참여한 인터넷매체를 대상으로 기사 베끼기에 대한 심의 결과 제재 건수는 모두 344건이다. 올 1분기만 이렇다.

인신위는 인터넷신문사들이 참여해 만든 자율심의 기구다. 즉 인터넷신문사 스스로 기사와 광고를 심의해 품격을 높이고 독자에게 올바른 정보를 주기 위해 노력하고 있다. 이 자율심의에는 해가 갈수록 참여 언론사가 급증하고 있어 언론사 스스로 기사나 광고심의를 '자율'에 맡겨 정화를 꾀하고자 하는 욕구가 그만큼 크다는 것을 보여주고 있다. 그리고 인신위 가입 자체가 기사의 공정성을 담보하고 있다는 언론계 평가에 동의하는 공감대가 확산되고 있다는 분석이다. 자율심의 참여 언론사는 307개다.

인신위의 자율심의 노력은 인터넷 언론 환경의 개선에도 크게 이바지하는 것은 물론, 나아가 오프라인을 포함한 전체 미디어시장에 정도를 촉구하고 언론 종사자의 자질 향상을 꾀하면서 언론 소비자(독자)와의 공감을 확산, 원활한 소통에 기여하게 된다. 인신위 측은 자율심의를 깐깐하게 하는 것만이 심의의 권위를 세우는 것이며 유익한 언론환경을 만드는 지름길이라고 밝히며 공정 심의에 노력하고 있다고 수차례 밝힌 바 있다.

이런 가운데, 4월 27일 문재인 더불어민주당 대통령 후보(이 책이 대부분 독자들 손에 들어갈 무렵이면 대통령 당선자가 돼 있을 확률이 높다)는 인터넷신문을 독자적인 산업으로 다루고 별도의 법체계를 갖추도록 하겠다고 밝혀 인터넷신문업계로부터 비상한 관심을 받고 있다. 한국인터넷신문협회 초청강연에서 문 후보는 "인터넷신문이 신문법의 규제를 받다보니 종이신문의 하위 개념으로 다뤄지고 있다"며 인터넷신문이 처한 구조적 모순의 이유를 정확히 짚었다. 그러면서 인터넷언론에겐 매우 의미심장한 한마디를 덧붙였다. "제도권 언론의 기울어진 운동장 속에서 야당이 버틸 수 있었던 것은 인터넷 매체 덕분"이라고. 곧 청와대에 들어갈 수도 있는 유력 후보자가 제도권 언론(주로 종이언론)을 기울어진 운동장이라고 평하고 인터넷 매체 덕분에 '버티었다'는 발언은 무게가 가볍지 않다. 그러면서 문 후보는 인터넷신문에게 분에 넘치는 호의를 베풀었다. "인터넷 매체가 제도권 언론의 불공정성을 보완해주는 역할을 하고 언론 공정성을 많이 회복해줬다"고 감사함을 표한 것이다.

인터넷신문은 분명 옥석을 가려야 한다. 그러나 그 일은 시장(독자)에 맡겨 도태될 것은 도태되도록 해야 한다. 정부는 잘 골라진 인터넷언론에 대해 정당한 평가를 해주고 그들에게도 멍석을 깔아줘야 한다. 비판만 하고 도마 위에 올리는 것은 누구나 할 수 있다. 그러나 장려하고 칭찬하는 것은 결심이 따르는 일이다. 새 정부는 그런 일을 잘 할 것이라고 믿는다. 운동장이 기울어졌다면 바로 세우자.

2017년 5월 8일 - 독서신문 1623호

닫힌 門, 열린 文

양복 상의를 경호원 도움 없이 '직접' 벗어 '직접' 의자에 걸어놓고, 식판을 '직접' 들고 청와대 하급 직원들과 나란히 메밀국수를 먹으면서 이런저런 얘기를 나누고, 수석들과 커피를 들고 함께 걷는 모습 등 낯선 풍경이 화면 가득하다. 영부인은 동네 찾아온 민원인에 라면을 접대하면서 하소연을 듣고, 활짝 웃으며 동네 할머니 두 손을 잡는다. 이젠 영부인 호칭도 여사님으로 쓴다 한다. 역시 익숙한 풍경은 아니다.

모든 것이 열리고 있다. 낮아지고 있다. 어깨를 나란히 하려는 모습이 아름답다. 그만큼 그 동안 많은 것들이 닫혀 있었고, 위에 있어 어깨를 나란히 하기엔, 낮은 사람은 고개가 아플 지경이었다.

문재인 대통령은 반대표를 찍었던 사람들에게도 호감을 사고 있다. 겸손하고 경청할 줄 안다는 점에서 인정을 받았고 북한 미사일에 대한 발빠른 대응 등 안보면에서도 불안감을 거두고 있다.

너무 많은 청사진을 풀어내다보니 일반 시민들은 주체할 수 없는 뉴스 홍수를 경험하고 있다. 일부에선 중요한 이슈에 경중을 살펴 순서를 정해, 차근차근 접근하라는 충고도 하고 있을 지경이다. 일부에선 미디어가 용비어천가 아닌 문비어천가를 쏟아내고 있다는 비판도 있다. 매스컴과 허니문 기간이라 해도 심하다는 말도 있기는 하다.

닫혀 있었던 것을 보자. 그 답은 최근 실시한 한 여론조사에 있다. 문 대통령 국정 수행에 긍정적으로 전망한 응답자는 75%였다. 이들이 꼽은 개혁 1순위는 검찰이었고 다음이 정치였다. 75%라는 숫자는 박근혜 대통령 탄핵 찬반 여론을 물었을 때 나온 찬성 여론과 같은 수치다. 여론조사 전문가는 탄핵 정국 국민여론이 대선에 이어 그대로 이어지고 있는 것이라고 분석했다. 검찰을 개혁 1순위로 꼽은 것은 전 정권에 대한 심판과 아울러 이른바 적폐의 근원이 검찰에도 어느 정도 있음을 시사한다. 그동안 검찰은 권력과 재벌에 열려 있었지만 국민에겐 여전히 닫힌 문(門)이었고 정의실현에도 열려 있었다고 할 수 없다. 검찰과 아울러 정치가 개혁순위에 오른 것도 민생정치 · 서민정치를 당부한 것과 다름없다. 검찰 개혁은 문재인 정부의 초기 방향을 가늠해볼 수 있고 문재인 대통령의 성패여부를 가를 지도 모르는 중차대한 일이다. 조국 민정수석 임명이 가져오는 파장이 벌써부터 주목되는 이유도 여기에 있다. 조국 민정수석이 초기 인사의 핵으로 등장하면서, 조국의 칼이 우병우의 매듭을 정면으로 노리고 있다는 분석이 과장은 아니다.

한편으로는 열린 문(文, 문재인 대통령)을 보자. 청와대 문이, 광화문 광장이, 남대문 시장이 활짝 열리는 게 문 대통령의 공약을 떠나 일반 시민은 진정 보고 싶은 대목이다. 그래서 대통령이 비서관들이 일을 보는 여민관에서 일반 업무를 보겠다는 게 신선해 보인다. 광화문 광장에 나와 시민들과 격 없이 토론하는 모습을 보고 싶기도 하고 남대문 시장에서 순대 한 접시에 막걸리 한 사발 들이키는 모습도 상상해본다. 이는 다 경청, 남의 말 잘 듣는 문 대통령의 좋은 습관이 그대로 반영된 모습이라 하겠다.

그러나 경청은 좋지만 자신의 주관마저 흔들려선 안 된다. 문 대통령에 대한 심리학적 접근을 다룬 책을 보면 문 대통령은 자신의 인기에 매우 민감해 인기도가 떨어지면 추진력을 금세 잃을 수도 있다는 분석이 있는가하면, 결기(또는 배짱)가 부족해 부하들의 강한 의견에 휘말릴 수도 있다고 덧붙였다. 흘려들을 얘기가 아닌 것 같다. 이런 분석이 몇몇 책에 보인다. 너무 착하다는 평도 함께 있다.

2017년 5월 22일 - **독서신문 1624호**

이낙연 총리의 '열두살 인터넷신문'

"시골에 가면 펌프가 있는데, 허드렛물을 먼저 붓고 펌프질을 해야 맑은 물이 나옵니다. 제가 바로 허드렛물을 하겠습니다. 맑은 물은 다음에 나오시는 분들에게 양보(…)" 장내에 웃음이 터졌다. 이낙연 총리가 7월 28일 서울프레스센터에서 열린 제1회 인터넷신문의 날 기념식의 첫 축사 주자로 나서며 이렇게 말했다. 자칫 딱딱해질 수 있는 장내 분위기에 웃음을 던지는 의미있는 '아이스 브레이크'였다. 이어서 추미애 등 여야 정당 대표들이 단상에 올랐으니 이 총리의 유머에는 나름 뼈가 있었다.

추미애 더불어민주당 대표는 "모든 정보가 실시간으로 노출되는 시대로 정치인들도 언행을 절제하고 숙고를 통해 바른 정치를 하게 됐다"며 이게 바로 인터넷신문의 순기능이라며 세대 갈등을 줄이는 데 기여하고 있다고 인터넷신문 생일에 덕담을 아끼지 않았다.

인터넷신문이 제도화된 것은 12년 전이다. 이날 이근영 인터넷신문협회장은 기념사를 통해 "그동안 인터넷신문은 많은 모험과 개척을 했다"며 "이제는 뉴스 생산자이자 다양한 콘텐츠를 유통하는 독자적인 매체로 우뚝서겠다"는 다짐을 했다.

그런데 인터넷신문은 왜 12년 동안 기념식도 없이 '생일날'을 못 찾아 먹었을까. 이명박 박근혜 정부를 평가할 때 흔히 쓰는 말 '잃어버린 10년'이 여기에도 해당되는 것은 아닌가. 인터넷신문이 태동하고 법적 테두리로 들어온 게 김대중 정부 시절임을 감안하면 이런 추측도 무리는 아니다. 핍박과 억압은 노골적으로 눈에 띄지 않았어도 냉대는 감내했다는 게 인터넷신문 초기 인사들의 증언이다.

최근 한 인터넷신문 발행인이 자신의 매체 월간 방문자수가 매우 크게 늘었다며 이는 자신의 매체가 인터넷신문의 주류로 떠올랐음을 증명하는 것이라는 골자의 글을 올렸다. 이 글에서 이 발행인은 이명박 박근혜 정부 때 방문자수가 노무현 정부 때에 비해 크게 감소했다며 이는 보수정권의 인터넷신문에 대한 억압 때문이었을 것이라는 추측을 내놨다.

이런 억압설(說)이 맞는다면 지금 인터넷신문은 '타이밍'이 좋다. 억압의 주체가 사라졌기 때문이고 인터넷을 인정하는 정권이 들어섰기 때문이다. 문재인 대통령은 후보 시절 인터넷신문과 토론회에서 인터넷신문의 순기능을 강조하면서 선거운동에 인터넷 언론의 도움을 받았다고 확실히 밝힌 바 있다. 기울어진 운동장을 바로잡겠다는 약속도 한 것으로 기억한다. 인터넷신문이 이 정권 창출에 일정 역할을 했다는 것은 굳이 긴 설명이 필요하지 않다.

그래서 이날 문 대통령은 축하영상을 보내고 이낙연 총리가 축사를 한 것 아닌가. 다시 이낙연 총리로 가보자. 그는 축사에서 이런 말을 했다. 영국 가디언지 편집국장 찰스 스콧의 명언 '논평은 자유지만 사실은 신성하다'는 말을 그는 기자생활 21년 동안 늘 잊지 않았다며 인터넷 언론에 대한 따끔한 말을 우회적으로 건넸다. 그 다음 말이 걸작이다. 사회자가 인터넷신문이 12살(12년)이 돼 이제 '말귀를 알아듣는 나이'라고 소개한 것에 빗대 "열 두 살이면 이제 부모 말 안 듣는 나이"라고 해 다시 장내는 웃음바다.

이낙연 총리는 기자 시절 기사를 군더더기 없이 깔끔하게 썼다. 정치부 기자를 오래한 탓인지 '말'을 주고받는 데 매우 능하다는 평을 들었다. 그래서 그의 '말'은 한마디 한마디 새겨들어야 한다. 그가 야당 대변인 시절에도 여당 예봉을 꺾은 것은 '단 한 줄짜리 짧은 평'이었다. 이른바 촌철살인이다.

이낙연 총리의 말을 다시 곱씹어본다. '사실은 신성'과 '말 안 듣는 열두 살' 사이에 지금 인터넷 언론이 놓여 있다. 그는 정확한 분석에 따른 노련한 비수를 던진 것이다. 인터넷신문이 운동장이 넓어졌다고 즐거워할 때가 아니다. 정신 차리고 본질에 더욱 충실할 때다.

2017년 8월 10일 - 독서신문 1629호

평창올림픽 바람이 롱패딩에서 불어온다?

평창 바람이 백화점 앞에서 꼭두새벽부터 불 줄이야. '롱패딩 대란' 얘기다. 춘천에서 백화점까지 열차로 올라왔다는 한 남성은 며느리에게 정성을 보이고 싶어 밤새 줄을 섰다고 말해 화제를 잠시 모았다. 백화점에 밤새 줄을 선 사람들은 평창을 얼마나 알까, 동계올림픽을 제대로 이해할까. 롱 패딩을 입는 젊은 여성들은 스키 활강을 알까, 노르딕을 들어봤을까. 춘천에 사는 며느리에게 그 남성은 올림픽 입장권은 사 줬을까.

어쨌든 '평창 롱패딩'으로 이름 붙였으니 평창올림픽으로 바람이 이어지기를 은근히 기대해 본다. 롱패딩 가격이 14만9천원이라고 인터넷에서 봤다. 이 돈이면 평창 동계올림픽 알파인 경기 남녀 활강을 A석에서 볼 수 있다. 아니면 아이스하키 여자 결승을 C석에서 볼 수도 있다. C석이라면 스피드 스케이팅도 구경할 수 있다. 그러나 개폐회식은 C석(22만원) 입장도 안 되고 쇼트트랙 결승 A석(55만원)에 가려면 롱패딩 4벌을 살 수 있어야 가능하다.

마치 세계 각 도시별 물가를 햄버거 값에 비유해보는 '빅맥지수'를 흉내내봤다. '롱패딩 지수'라고 하자.

올림픽을 치른 대부분의 도시는 빚더미에 허덕인다. 지구촌 축제에 걸맞게 시설을 새로 짓고 숙박시설을 마련하느라 뭉칫돈이 든다. 문제는 올림픽 이후다. 활용을 하지 못하기에 고민하고 고민은 이자를 낳고 이자는 결국 도시의 황폐를 초래하기도 한다.

그런 점에서 평창올림픽에 대한 우려는 현재진행형이고 올림픽 이후의 대책은 지혜를 모아야 한다. 아무리 강조해도 지나치지 않다. 한 지역사회만의 문제가 아니기 때문이다.

최문순 강원도지사는 최근 경기장 사후 활용을 과제로 꼽았다. 국가대표 훈련장으로 쓸 시설은 훈련장으로 쓰고 상업적 이용이 가능한 시설은 민간에 이양해 절충점을 찾는 정책적 결단만 남았다고 말했다. 그러면서 입장권 판매 부진을 걱정했다. 흥행에 결정적 요소인 입장권 판매 부진은 대회 전체 성패를 가른다. 그래서 최 지사는 호소한다. 강원도민의 열정을 쏟아달라고, 강원도민이 앞장서고 그 열기가 전국으로 퍼져 나가도록 힘을 모으자고 강조했다.

강원도민에게 열정만 요구하면, 도민은 무엇을 얻을 수 있나. 잇속만 따질 수 없는 국가적 행사라고는 하지만, 도민들이 "그래서 어쩌라구"라고 묻는다면 최 지사가 답을 해야 한다.

최 지사는 이랬다. 신관광, 신농정, 신산업, 신산림으로 이전과는 전혀 다른 강원도로 만들겠다는 다짐을 보였다. 신관광이 눈에 띈다. 가장 파급효과가 크고 강원도가 역점을 두어도 실패할 확률이 적어 보인다.

강원도 사정에 밝은 한 부동산 관계자 얘기를 얼마 전 들은 적이 있다. 속초 강릉 등 땅값이 오를 만큼 올랐고 아파트 가격도 뛰고 있다는 것. 평창 특수도 있고 무엇보다 교통 접근성이 좋아졌다는 설명이었다. 땅값을 올려놓은 사람도 서울 사람들이었고 아파트 가격 뛰게 한 사람들도 서울 사람들이라는 보충 설명이다. 강원도는 이를 긍정적 차원에서 관광과 적극 연결한다면 방안을 찾을 수 있을 것 같다. 서울 사람들이 강원도에 땅 사고 아파트 사는 것을 그냥 투기로만 볼 게 아니라 은퇴 후의 삶을 누리려는 돈 있는 실버들의 욕구가 있기 때문이라는 시각을 가져야 한다. 잘하면 돈도 잡고 관광도 살리는 일석이조가 될 법도 하다. 다만 거주민들의 불만 등 해결이 새로운 관건이 될 것이다.

최문순 지사에게 다시 강조한다. 신관광의 청사진을 제대로 보여 달라. 그러면 강원도가 움직일 것이다. 강원도의 힘을 믿는다. 전 국민이. 최문순 파이팅!

2017년 11월 30일 - 독서신문 1636호

한반도 평화, '각론'이 없다

트럼프 압박이 이겼나. 김정은 배짱이 통했나. 아니면 둘 다 실리를 챙겼나. 미국과 북한의 역사적 줄다리기는 두고두고 그 무게만큼이나 무거운 파급력으로 우리 역사를 지배할 것이다. 북미 두 정상의 옥신각신은 곧 남북미 삼국의 옥신각신이며 최종 도달지는 종전선언이다.

그러나 종전선언이 최종은 아니다. 그 종전선언은 당연히 북한의 비핵화와 체제보장이라는 뚜렷한 담보물을 확보해야 하고 그 담보물에 대한 엄격한 조율을 거쳐야 할 것이다. 이 과정이 결국 영구적인 한반도 평화의 가늠자가 된다.

그러나 비핵화와 북한 체제보장은 구체적으로 어떤 모양을 갖추고 어떻게 진행할 것인지 알려지지 않았다. 북한은 비핵화를 '한반도 비핵화'라고 못 박고 있다. 남한의 비핵화도 필요하다는 속내다. 한국을 미국의 핵우산에서 제외한다는 의미다. 북한의 완전한 비핵화가 공식 천명된다면 미국의 한국에 대한 핵우산 공약은 설득력이 떨어질 수밖에 없다. 주한미군 철수 논의는 해프닝으로 끝났는지 아니면 수면 아래로 잠복했는지는 아직 알 길이 없지만, 북한이 앞으로의 논의과정에서 충분히 거론하고 관철하려고 노력할 것은 뻔하다.

사업가 기질은 뚜렷하나 정치적으로 '안정과 신뢰'의 타이틀이 엉성한 트럼프는 11월 중간선거를 앞두고 뭔가 보여주어야 한다는 압박이 크다. 최근 백악관 기류를 보면 이른바 CVID 원칙 적용이 어디까지인가 하는 의구심이 들게 한다. 중간선거를 앞두고 시간에 쫓기는 트럼프가 '완전하고 돌이킬 수 없는 핵 폐기' 범위를 혹시 미국을 겨냥하고 있는 대륙간 탄도미사일에만 적용하는 것은 아닌가 하는 우려다. 무역에서 두드러지는 그의 자국 이익 위주 정책을 보노라면 걱정이 앞선다. 특히 북한을 돕는 경우에는 한국 일본 중국이 나서고 미국 돈은 한 푼도 들 일이 없다는 발언은 북한에 대한 완전 핵 폐기 정책의 진정성을 의심케 한다. ICBM 핵탄두만 제거하는 선에서 북미가 '흥정'을 한다면, 하는 끔찍한 상상도 하게 된다. 그러면 우리는 여전히 머리맡에 핵을 놓고 매일 밤잠이 들어야 할 지경이다. 사실 지금 북한에 핵이 얼마나 있는지 전문가들도 아무도 모른다고 한다. 100개 있다면 20~30개만 폐기하고 나머지는 감춰둔다면, 상상도 하기 싫은 일이다.

주한미군, 비무장지대, 서해 NLL 등 풀어야 할 굵직굵직한 문제들은 누구 하나 속 시원히 답해주는 사람이 없다. '한반도 평화'라는 총론만 무성하다. 문제는 문재인 대통령이 운전대를 잡았으나 '사공'이 너무 많다는 것. '각론'마저 북미 손아귀에 넘겨줘야 할지도 모른다. 우선 각론에 대한 우리 정부 내부 정리는 충분한지도 의심이 든다. 각론을 지금 꺼내는 게 마치 한반도 평화 방해세력처럼 오해받는 것도 코미디이긴 하다.

이제 한국의 모든 이슈는 '한반도 평화'라는 블랙홀에 빠져들 것이다. 자칫 '안보'마저 뒷전으로 밀리는 것은 아닌지 또 걱정이다. 경제는 더 걱정이다. 이 와중에 문 대통령은 최저임금 인상에 따른 성공적 효과가 90%라고 했다. 그런 시각으로 북한 비핵화와 체제보장을 보는 것은 아닌지 그저 걱정이다.

2018년 6월 13일 - 독서신문 1642호

황기魚를 아시나요

대한민국은 어디로 가고 있는가, 하는 거대 담론을 말하고 싶지는 않다. 어차피 갑론을박하면서 '제 잘난 맛'이 치열하게 부딪치고 결국 남는 건 껍데기뿐인 '사상'과 '주의'뿐이니까. 언제부터인가 우리는 담론을 잃었다. 고매한 지성과 교양미를 잃었다는 게 아니라 지성을 지성답게 받드는 보편타당한 공감대 형성에 실패했기 때문이다. 교양은 마치 힘없는 침묵으로 치환되고 그저 바탕을 알 수 없는 '대세'만 있을 뿐이다. 그래서 이 시대 '어른'은 없다. 아니 '어른'을 인정하지 않는다.

담론 얘기가 길어졌다. 그만큼 긴 호흡의 안목은 사라지고 다급한 일상만이 지배하고 있는 현실이 안타깝다. 다급한 일상은 거칠게 말하면 오늘의 담론이라고 할 수 있다. 하루하루 일상이 켜켜이 쌓이면 어떤 형태로든 발원이 분명한 흐름이 되고 그 흐름은 다시 사회를 지배하게 된다. 순리의 흐름은 강둑과 호응하는 강물처럼 자연스럽지만 그렇지 못한 흐름은 강둑을 생채기 내고 물살의 힘을 과시한다.

그런 '흐름의 과잉'을 지금 나는 목도하고 있다. 최저임금 등 여파로 영세업자가 파탄 날 지경이고 분배는 겉도는 현 상황에 대한 청와대 인식이 벽을 상대하는 느낌이다. 많은 경제 전문가들이 소득주도 성장에 회의를 보이면서 방향 수정을 거듭 요구했지만 대답은 '기다려라'이다.(소득주도성장 정책이) 아직 시작단계이니 연말쯤 효과를 보인다고 강변했다. 책으로만 경제를 배우고 가르치고 실물경제에 어두운 장하성 실장이 간담회에서 한 말이다. 수많은 자영업자와 서민의 지금 당장 생계는 안중에 없는 발언이다. 지금 우리는 이런 황당하고 기가 막히고 어이없는 세상에 살고 있다.

더 기가 막힌 일은 간담회 직후에 통계청장을 '통례적으로'(청와대 설명) 경질한 거다. 가계소득 분배 관련, 당국의 심기를 건드린 게 분명하다. 오비이락이라 하는 건 순진한 설명이요 손바닥으로 하늘을 가리는 것이다. 후임 통계청장 내정자가 "좋은 통계를 내 정책수행에 보탬이 되도록 하겠다"고 '성은이 망극한 발언'을 한 것을 보면 통계청장 경질 원인은 분명하다. 지금 우리는 이런 황당하고 기가 막히고 어이없는 세상에 살고 있다.

기가 막힌 일은 어이없는 일로 이어진다. 유은혜 교육부장관 후보자 얘기다. 청와대에 반대하는 청원이 4만 건이 넘는다는 건(대부분 현직 교사로 추정되지만) 무슨 뜻인가. 반대 청원을 떠나 그동안의 언행을 보면 교육 일선에는 근처에도 못 가본 티가 역력하다. 학교 행정실의 독립성을 보장한다든가 기간제 교사의 정규직 전환이라든지 마치 평등의 천사처럼 보인다. 그러나 이는 정당한 노력에 따르는 공정한 차별을 무시하는 행위라는 반발을 사고 있다. 또 하나 문제는 내신 위주 입시를 주장한다는 것. 정시 확대 여론이 끓고 있지만, 교육 정상화를 위해선 내신 위주로 대입 정책을 바꿔야 한다는 논리다. 현재 강남 모 여고의 교사와 두 딸의 시험지 유출 등을 미뤄볼 때 현실을 몰라도 한참 모른다는 얘기다. 그러나 그녀가 의원이 아닌 교육 수장으로 신분이 바뀌면 상황은 예측할 수 없다. 우려가 현실이 될까 걱정이다. 지금 우리는 이런 황당하고 기가 막히고 어이없는 세상에 살고 있다.

장하성, 유은혜 그리고 통계청장 등 언행은 겉으로 드러난 빙산의 일각에서도 아주 일각이다. 비슷한 예는 얼마든지 있다. 게을러서 못 찾을 정도다. 수면 아래서 움직이는 거대한 흐름 또는 세력은 분명 존재할 것이라고 믿는다. 민노총, 참여연대, 전교조 등이 살아있는 권력이라는 데 이의를 달 수 없는 세상이다.

손흥민의 해피엔딩으로 아시안게임은 막을 내렸지만 한국은 3위로 밀려났다. 국가대표를 고스란히 보내고도 2진급이 많은 일본에 2위를 빼앗겼다. 3위를 한 원인을 분석하고 대책을 촉구하는 언론은 찾기 어렵다. '메달 대박은 아니어도 '신박'했다'는 해괴한 논평의 언론이 있긴 했다. 지금 우리는 이런 황당하고 기가 막히고 어이없는 세상에 살고 있다. 황당할 황, 기가 막힐 기, 어이없을 어. 황기어(魚)가 세상을 휩쓸고 있다.

2018년 9월 12일 - 독서신문 1645호

2018 연말 "소풍을 소환하자"

불볕더위가 기승일 때 지인은 이런 카톡을 보내왔다. '폭염마저 그늘을 찾는다'라고. 그 지인은 얼마 전 찬바람이 불자 '바스락 낙엽을 겨울이 아삭 씹어버렸다'라고 카톡으로 꾹꾹 눌러 보내왔다. 그 지인 카톡은 가히 시(詩)톡이다.

같은 길을 일 년 내내 오가도 주변에 무슨 꽃이 피는지 돌담에는 햇발이 속삭이는지 무심한 가운데 그 지인 덕분에 계절의 한 꺼풀을 벗기고 그 속을 볼 여유를 잠시 찾는다.

일 년의 반을 지났을 때 아직 반이나 남았다고 짐짓 낙천적인 척하며 게으름을 감추려 했지만 이제 이십여일도 남지 않은 2018년을, "아직 보름도 더 남았어!"라고 말할 수 있는 강심장은 아니다.

그 많던 시간은 다 어디 갔을까. 연초에 마치 시간을 지배하듯 넘치던 자신감은 시간이 지나며 시간에 압도당하더니 기어이 시간은 째깍째깍 목을 죄어온다. 그게 연말이다. 일손은 안 잡히고 허둥지둥 갈팡질팡 중구난방 그리고는 안절부절에 이르게 된다. 어떻게

든 마무리 짓고자 하는 조급함이 일을 더 더디게 하고 불완전하게 만든다.

신문사 편집국도 예외는 아니다. 허둥지둥은 일반 직장과 다를 바 없고 서기에 불면증 같은 우울함이 따뜻한 공기를 밀어낸다.

사건 사고 속에 갇혀 사는 기자들. 올 한해도 '팩트'를 좇고 노트북 자판을 두드리며 '기사'를 생산하느라 고생한 기자들, 기자들은 가치의 공정성과 도덕과 법치주의를 외치거나 최소한 들먹였거늘(참 자신감 없다!) 돌아온 건 '기레기'라는 막무가내 '프레임'은 아니었을까. 선배들로부터 금지옥엽이라고 배운 '팩트'는 군중들의 SNS 파도에 묻히고 '비판'은 편 가르기로 치부되고 '여론 조성'은 당치않은 공염불이 되고 있다. 올 한해 더욱 확연해지고 그 정도는 깊어지고 있다.

지금은 '시일야방성대곡'의 장지연 같은 비분강개형 기자를 원하는 것도 아니고(장지연도 나중 삶은 굴곡지고 말도 많다) 독재에 저항하던 투사형 언론인을 바라는 시대도 아니다. 언론이 결코 정보의 양과 질에서 독자를 압도한다고 할 수 없고 도덕적으로 우월하다 장담할 수도 없는 마당에 전 국민이 하나씩 갖고 다니는 휴대전화는 수많은 댓글을 만들며 바람을 일으킨다. 기자들 입지는 좁아지고 지위는 나락이다. '기레기' 비아냥을 피해갈 수 없다. 언론의 잘못도 크고 적폐라는 이름의 누적된 관행도 청산해야 함은 물론이다.

이제 연말이다. 정리할 때다. 우울한 마음마저 마무리할 시간이다. 초심이 흔들렸다고 자책하지 말자. 목표를 달성하지 못했다고 낙담하지 말라. 더구나 환경이 나쁘다고 투덜대는 나약함을 보여서는 안 된다. 낙담과 좌절을 이겨내는 방법은 새로운 목표를 세우고 굳센 믿음으로 도전하는 것밖에 없다. 목표는 새롭게 정할 때가 더 짜릿하고 즐겁기까지 하다. 소풍 가기 전날 들뜨고 잠 못 이루었던 유년의 추억을 소환해보라. 소풍 가는 날이 새해 첫날이라면 소풍 전날은 바로 연말 아니냐고 강변해본다.

2018년 12월 12일 - 독서신문 1648호

두 손이 가리키는 한국, 오늘

두 손이 연일 화제다. 한쪽은 목포에 투기인지 이해충돌인지 아니면 문화 적선(積善)인지 모를 해괴한 행태로 지탄을 받으며 한편으론 독설을 쏟아내는가 하면 한쪽은 교회 주차장에서 접촉인지 충돌인지, 젊은 여자가 있었는지 없었는지 취업청탁인지 협박인지 비상식적이고 망측한 일의 당사자이면서 동승자 의혹 등에 대해선 가짜뉴스라고 큰소리다.

손혜원 전 더불어민주당 현재 무소속 국회의원과 손석희 JTBC 대표 얘기다. 둘의 공통점은 같은 성씨[孫] 말고도 현 정부 탄생에 공을 세웠고 현재 아주 잘 나가는 인사들이며 자신에게 주어진 권력을 십분 활용해 현 국면을 열심히 타개하고 있다는 점이다.

손 의원이 목포에 산 적산가옥이고 여관이고 하는 것이 문화재로서 얼마나 가치 있고 보존할만한 의미가 있는지는 일반인들은 잘 모른다. 한두 채 샀다면 그러려니 할 수 있다. 그러나 어 어 하는 사이 10채 20채 속속 늘어가는 구입 부동산 소식을 접하노라면 자연스럽게 투기라는 추론을 하게 되고 거기에 조카 도장을 찍고 증여니 뭐니 하는 가족끼리 치고받는 언사를 보면 차명 투기라는 결론에 이르게 된다. 여기에 대통령 부인과의 중고교 6년 동기동창이라는 사실은 손 의원 스스로 자신의 언행이 근거 없는 자신감이 아니었음을 고백한 '객관적 증거'인 셈이다. 상식적인 일반인의 분노 게이지는 투기 여부에서 치솟다 영부인 동창이라는 데서 최고점을 찍는다. '근거 있는 자신감'은 자신의 목포 행보에 대해 어떤 사과도 하지 않는 당당함으로 드러났다. '뻔뻔함의 아이콘'이라는 별명은 괜히 붙은 게 아니다.

목포 건 말고도 '6전 7기'의 부친 독립유공자 서훈도 의혹이다. 보훈처장을 오라 가라 하고 담당 국장을 불러 따지고 한 게 이미 '압력'이다. 문재인 집권은 손 의원에겐 부친 서훈의 마지막 기회였던 셈이고 이를 손 의원은 움켜쥔 것이다.

손 의원 동생은 가족사를 말하면서 대다수 가족이 여호와의 증인이며 손 의원도 대학 때까지 여호와의 증인이었다고 했다. 양심적 병역거부와 묘하게 겹치는 건 그저 우연이겠다. '미운 짓'만 골라 하고도 기자회견 때 집권 여당 원내대표 어깨에 손을 척 얹을 정도니 그 위세를 새삼 짐작한다. 적폐청산에 칼날을 세운 이 정부가 손 의원 의혹 청산과는 거리가 멀어도 한참 멀어 보이는 상징적 장면이다.

'사실과 주장은 다르다'라는 '명언'과 '피해자 눈물이 증거다'라는 '경구'가 시험대에 올랐다. 화면 속에서 마이크를 통해 세월호와 태블릿 PC를 터뜨려 현 정권 탄생에 기여했다는 평을 듣는 '언론인 1위' 손석희. 2017년 4월의 어느 일요일 밤, 과천 관악산 기슭에 그는 왜 자동차를 세워 놓았을까. 어쩌다 후진 중 견인차와 충돌했을까. 그리고 도주하고…. 프리랜서 기자가 이를 알고 취재하자 취업 흥정이 서로 오가고, 월수 1,000만원 용역을 주겠다는 제안을 하고. 그러니까 단순 사고가 아니라는 게 상식 있는 추측이고 그가 잘 인용하는 대로 '합리적 의심'이 드는 대목이다. 젊은 여인이 타고 있었다는 피해자 주장은 그래서 호기심을 떠나 사건의 본질로 깊숙이 이끈다. 그 교회 주차장은(사실 교회와 가까울 뿐이지 아무 상관 없으니 교회는 좀 억울하겠다) 아는 사람은 다 아는 '자동차 데이트' 명소라는 점은 '동승 젊은 여인'과 연결돼 상상을 자극한다. 많은 사람들은 말한다. 도대체 무슨 약점이 잡혔기에 방송사 대표가 프리랜서 기자에게 저렇게 끌려다니나. 어떤 이는 프리랜서 기자와 손 대표 음성파일을 듣고 '손 대표가 비굴하다'는 평을 했다. 화면에서 그렇게 정의를 부르짖고 공정성을 내세우던 그였기에 실망감은 더욱 크다. 이후 그의 멘트는 신뢰를 잃고 있다. 팩트를 입에 달고 사는 정의의 사도, 탄핵의 방아쇠는 이제 민낯이 드러날 때다. 아니 영원히 그 민낯은 드러나지 않을 수도 있다. 스스로 프리랜서 기자에게 말했다는 '이놈의 회사' JTBC는 손 대표와 관련된 가짜뉴스를 수집하고 있다며 생산 유포자에게 엄정한 대응을 하겠다고 했다. 사과는 않고 끝까지 가보겠다는 계산이다. 일부 언론이나 댓글 다는 시청자들에게 겁박처럼 들린다.

손혜원, 손석희. 이 정권 탄생에 기여했다는 평을 듣는 두 사람, 이 정권 속성을 너무나 잘 알고 있는 두 사람, 이 정권에 엄청난 인맥을 갖고 있는 두 사람, 손바닥으로 하늘을 가리고 있는 것은 아닐까. 경찰이나 검찰의 수사가 어떻게 될지는 모르지만, 이 두 손이 한국 이정표를 가리키고 있다. 국민이 이정표를 보고 무력감 허탈감을 느끼지 않으면 좋겠다.

2019년 2월 13일 - 독서신문 1650호

유관순의 '푸른 하늘'

오래전 한 신문에 3 · 1절 아파트 풍경 사진이 실렸다. 아파트 단 한 집에만 태극기가 걸려 있는 사진이었다. 사진 설명에 붙인 제목이 탁월해 오래 기억한다. '태극기가 바람에~ 날아갔습니다.'

지금도 3 · 1절에 아파트에서 태극기를 내건 집은 매우 드물다. 요즘 짓는 아파트는 아예 태극기 거치대가 없다는 보도도 있다. 태극기에 대한 개념이 없다는 지적이 따랐다. '선열의 숭고한 뜻과 희생을 기리며 태극기를 걸어야 하는 날'이라는 훈계조 부연설명은 이제 '꼰대'들이나 하는 말처럼 됐다. 아니 꼰대들이라는 보수 중늙은이들이 몇 년 전부터 태극기를 들고 시위하고 있으니 일부 젊은이들은 태극기를 부정적으로 볼 수도 있다. 마치 '촛불'의 대척점으로 인식하는 것 같기도 하다.

그러나 꼰대들의 덕수궁 돌담길 태극기와 3 · 1만세 시위 때 조선독립만세를 외치며 흔들던 태극기가 다를 수는 없다. 100년 전 함성이 우리의 자주독립을 대내외로 천명하는 국민적 저항운동이었다면 태극기부대 시위는 기울어진 사상이지만 '내가 피 흘려 지키고 나의 땀으로 이룩한' 오늘날 조국의 앞날을 걱정하고 위정자들을 비판하는 거리의 목소리다. 시간의 무게가 켜켜이 쌓인 3 · 1운동과 현재의 태극기 부대 행진은 비교조차 할 수 없지만 꼰대들만의 '애국심'은 '애국심'을 교과서에서나 어쩌다 접한 요즘 젊은이들은 이해하기 어렵다.

3 · 1운동은 외세에 온 국민이 하나 돼 저항한 만세 시위다. 그 저항의 발로는 바로 애국심이다. 그 애국심은 저항정신과 반독재 투쟁정신으로 면면히 흘러 4 · 19와 6월항쟁으로 이어진다는 게 일반적 견해다. 3 · 1만세 시위는 유관순을 낳았고 독재에 저항한 4 · 19는 주검으로 떠오른 김주열을 희생자로 낳았고 6월항쟁은 박종철 이한열을 희생자로 낳았다. 4 · 19를 통해 독재는 국민 힘으로 무너뜨릴 수 있다는 값진 경험을 우리는 얻었다. 6월 항쟁은 민의의 힘이 얼마나 위대하고 숭고한 것인지 보여줬다. 바탕은 모두 3 · 1운동의 국민 모두가 나선 저항정신에서 비롯된다.

3 · 1운동 100주년. 애국심의 상징인 태극기 만세 시위는 이제 어쩌다 아파트 베란다에서 펄럭이는 태극기에 머물러선 안 된다. 가슴이 뜨거워지는 태극기가 돼야 하며 손에 들고 흔들고 싶은 태극기가 돼야 한다. 진보 좌파에게 태극기는 우리가 지키고 가꿔야 할 영토

한 뼘 두 뼘이며 우리 스스로 지켜야 할 국민 한 사람 한 사람과 다름없어야 한다. 보수 우파에게 태극기는 과거의 낡은 때를 씻고 미래를 함께 품는 너른 가슴이 돼야 한다. 태극기는 진정 좌우를 모두 품는 커다란 보자기가 돼야 한다. 3·1운동정신은 그래서 지금 더 절실하다.

강소천은 동시 「유관순」에서 이렇게 노래했다. '삼월 하늘 가만히 우러러보며 / 유관순 누나를 생각합니다 / 옥 속에 갇혀서도 만세 부르다 / 푸른 하늘 그리며 숨이 졌대요' 푸른 하늘은 진보의 것도 아니요 보수 소유물도 아니다. 진보와 보수가 손을 맞잡지 않으면 푸른 하늘의 절반 밖에 가질 수 없다. 푸른 하늘은 우리가 지켜야 할 하늘이다.

2019년 3월 13일 - **독서신문 1651호**

대자보

대자보(大字報)는 '표현의 자유를 향한 가시 돋친 시대정신'이다. 때로는 분노 공유의 장(場)이 되고 때로는 궐기 촉구의 서(書)가 된다. 결사체의 항전 메시지가 되기도 한다. 70~80년대 대학가의 대자보는 반독재 결기로 가득했고 압제에 저항하는 청춘의 목소리는 피울음 같았다. 끈질긴 생명력은 이른바 '운동'의 중심 매체가 되면서 민주화 불씨 노릇을 했다. 쉽게 말해 '대학생 민심'을 가감 없이 드러냈다.

대자보를 쓰는 주인공들의 진퇴가 있듯이 대자보도 생성과 소멸을 겪는다. 대자보 주인공들이 졸업하고 민주화 기운이 성숙하며 투쟁 대상이 사라진 탓에 자연스럽게 대자보는 대학가에서 자취를 감춘다.

그런 대자보가 다시 등장했다. 최근 서울 등 전국 대학가에 '김정은 서신'이라는 제목 아래 붙었다. '남조선 체제를 전복하자'며 현 정부의 소득주도 성장정책, 탈원전, 대북정책을 비판하는 내용을 담고 있다. 과거 전대협(전국대학생대표자협의회)과 무관한 '전대협'이 자신들이

한 일이라고 SNS를 통해 밝혔다. '소득주도 성장으로 자영업자 소상공인의 이윤추구를 박살냈다'라고 현 정부 정책을 정면 공격하면서 '최저임금을 높여 고된 노동에 신음하는 청년들을 영원히 쉬게 해줬나'라며 비꼬기도 했다. "전대협은 문재인 정부를 비판하기 위해 2017년 보수성향의 청년들이 만든 단체"라고 전대협 관계자가 한 언론에 알렸다.

인터넷 댓글은 어떤가. '젊은이들이 용감하다. 눈치 보는 늙은이들보다 더 지혜롭다' '구구절절 옳은 말이다. 젊은 보수는 깨어나라' 등이 압도적이다. 대자보를 비판하는 글은 찾기 어려웠다.

대학생 민심은 '좌파 꼰대'를 향해서도 날이 서 있다. 김의겸 전 청와대 대변인의 모교 커뮤니티에는 이른바 586 선배들에 대한 비판과 성토가 줄을 잇는다. 부동산 투자에 대한 현 정권 인사의 이중잣대를 비난하며 사퇴 과정에서도 끝까지 아내 탓을 하며 자기 잘못은 아니라는 태도가 구질구질하다는 인성에 대한 비판도 따른다. 어떤 이는 '기득권 586 남성이 보여준 윤리적 파탄'이라고 진단했다. 또 다른 대학 커뮤니티에는 '부패한 정권은 많았지만 이만큼 부패함을 지적받아도 꿈쩍도 안 하는 정권은 처음'이라는 글도 실렸다. 민주화 운동을 하던 세대가 본인들이 그렇게 싫어하던 구태를 답습하는 꼴이라는 지적도 많다.

지독한 구직난에 시달리는 20대에게 현 정부는 인기가 없다. 더구나 종교 관련 군 대체복무 판결을 본 군필 청년들은 허망함과 배신감마저 느낀다고 한다. 얼마 전 한 청년이 문 대통령 앞에서 눈물을 흘렸다. 전국청년정책네트워크 대표는 박근혜 정부 시절 있던 청년위원회가 사라져 현 정부에선 소통창구가 없어 청년을 위한 정책이 어떻게 어떤 방향으로 진행되는지 그런 정책은 있는지 알 수도 없다고 하소연했다. 청년들이 길을 잃고 헤매고 있다.

대학생 민심, 2030 민심은 사납다. 온라인 공간을 배설 창구 삼아 정부 정책에 대한 불만, 미래가 불투명한 현실에 대한 불만 등을 쏟아놓던 젊은이들이 대자보라는 오프라인으로 무대를 옮기고 있다. 일시적이긴 하겠지만 잠재된 파장은 가늠하기 어렵다. 국가보안법 위반 여부를 검토하겠다는 경찰 측 발언은 '광화문 네거리에 울려퍼지는 김정은 찬양가는 그대로 두면서 정부 정책 불만 표현은 처벌하겠다는 거냐'라는 비아냥을 사고 있다. 가뜩이나 젊은이들은 유독 김정은을 좋아하지 않는다는 여론조사도 있다. 젊은이들에게는 '비핵화'의 중대함 보다 남한 측 재산이 북으로 가지 않을까 하는 '의구심'이 더 크다. 어른들보다 더 현실적이다. 젊은이들의 현실은 이 정권이 감당하지 않을 '미래'에 닿아있기 때문이다.

2019년 4월 10일 - 독서신문 1652호

Education Culture History

03

03

교육 문화 역사

설날 아침

묵은해를 떨쳐버리고 새로 맞이하는 한해의 첫 머리인 설이 어느새 내일입니다. 물론 양력으로 따졌을 경우 이미 신년은 지나갔지만 우리 민족 최대의 명절인 설은 구정인 오는 26일이 되는 것이지요.

'설'이 새해의 첫머리라면 '설날'은 새해의 첫날입니다. 우리가 흔히 사용하는 말 중에 '설다' '낯설다'라는 말이 있습니다. 이 말들도 가만히 유추해 보면 설에서 유래된 것으로 보는 것이 학자들의 대체적인 견해입니다.

설날이 새해에 대한 낯설음, 즉 새해라는 문화적인 시간인식 주기에 익숙하지 못한 속성을 가장 강하게 띠기 때문입니다.

설은 적어도 6세기 이전에 중국에서 태양태음력을 받아들인 이후, 태양력을 기준으로 제정된 것으로 생각됩니다. 농경사회를 유지해왔던 우리민족에게 설의 의미는 남다르기만 합니다. 설은 농촌의 입장에서 본다면 농한기이면서 새해가 시작되는 달이기도 합니다.

즉 새로 농사를 지을 준비를 하는 단계인 것입니다. 사계절의 변화가 뚜렷한 우리나라의 자연환경 조건은 이 시기에 모든 식물의 생장을 중단시키고, 인간으로 하여금 새로운 생장의 계절이 오기를 기다리게 하는 그러한 때입니다.

하지만 마냥 그렇게 계절이 돌아오기만을 기다릴 수는 없겠지요. 한해의 농사가 풍년이 될 수 있도록 예의바른 우리민족은 조상님께 제례의식을 드립니다. 또한 이웃들과 덕담을 나누고 웃어른들에게 한해의 안녕을 기원하면서 서로 간의 정을 나눕니다.

설날 아침에 유난히 크게 울고 있는 까치는 길조로 받아들여집니다. 아무튼 설날 아침은 우리에게 새로운 희망을 줍니다. 새로운 희망은 우리들 가슴에 남아있는 응어리를 없애주고 한해를 도전할 수 있는 기대와 용기를 줍니다.

2009년 1월 25일 - 독서신문 1457호

학원비리 신고포상금제

교육과학기술부가 사교육비 경감대책의 하나로 내놓은 '학원 불법교습 신고 포상금제'(일명 학파라치제)가 지난 7일부터 본격 시행 됐습니다.

교과부는 학원 신고포상금제도를 도입하면 학원들의 불법행위를 상당 부분 잡을 수 있을 것으로 확신하고 있습니다. 실제로 불법과외 신고시 포상금이 최고 200만원에 이른다는 보도 이후 각 지역교육청에는 관련 문의가 빗발쳐 포상금의 위력을 실감케 했습니다.

이러한 점에 비추어볼 때 불법과외나, 심야 학원교습, 학원비 초과징수 등 학원 규제가 본격적으로 이뤄지면 학원들이 움츠러들 수밖에 없어 사교육비가 실제 줄 것이라는 전망도 나오고 있습니다. 하지만 한편에서는 신고포상금제가 사교육 경감에는 별다른 도움이 되지 않을 수 있다는 지적도 제기되고 있습니다.

공교육 부실이 사교육에 대한 의존을 심화시키는 현실에서는 신고포상금제가 사교육비를 줄이는 근본적인 대책이 될 수 없고 또 불법과외의 경우 은밀히 이뤄져 발견 자체가 쉽지 않다는 점 때문입니다. 또 실수요자인 학부모입장에서도 신고를 꺼릴 수도 있으며 학원 심야교습을 강력하게 단속하면 학생들이 새벽이나 주말에 몰리게 되어 단속 실효성 논란이 일 수 있습니다.

'학파라치제'가 근본적인 사교육대책이 될 수는 없습니다. 가장 근본적인 해결방안은 공교육을 강화해야하는 것입니다. 이와 함께 사교육을 받을 수밖에 없는 우리나라의 입시제도 및 대학서열화도 사교육을 부추기는 요인입니다.

일단 '학파라치제' 도입으로 학원가가 일단 숨을 죽였지만, 근본적인 대책이 마련되지 않은 상태에서 강경한 단속은 미봉책에 불과할 수 있다는 교육 실수요자들의 불만과 걱정을 직시해야 합니다.

2009년 7월 19일 - **독서신문 1466호**

모방과 창조, 그리고 표절

'모방은 창조의 어머니'라는 말이 있습니다. 다른 사람이나 동물의 행위를 보고 비슷한 행위로 재현하거나 실행하는 것을 뜻하는 모방은 인간뿐만 아니라 몇몇 영장류에서도 종종 나타납니다.

하지만 없었던 것을 새로 만드는 것을 뜻하는 창조는 바로 인간에게만 주어진 특권중 하나입니다. 창조적인 일의 결과로 나타나는 산물이 바로 예술과 문화입니다.

한때 일본제품들이 서구제품들을 누르고 세계무대에 우뚝 선 것도 단순히 제품 모방에 그치지 않고 학습과정을 거치면서 창조적인 힘을 길러냈기 때문에 가능한 일이었습니다. 다시 한번 강조하지만 창조적인 일이라 하면 가장 먼저 떠오르는 것이 바로 문화와 예술입니다.

더욱 세분해보면 음악, 미술, 공예, 저작에 관련된 일들을 들 수 있습니다. 최근 문제가 되고 있는 몇몇 가수들의 노래가 표절논란에 휩싸인 것도 바로 모방에 그치고 이를 창조적 예술행위로 끌어 올리지 못했기 때문입니다.

출판물에 대한 표절 논란도 어제오늘의 일이 아닙니다. 모방은 스스로의 땀과 정성을 쏟지 않고 다른 사람의 창조적 결과물을 도둑질하는 행위에 불과합니다.

최근에 저작권에 대한 권리가 강화되고 있는 것도 이러한 이유 때문입니다. 골동품이나 작품에 대한 평가를 할 때도 단순히 모작에 불과할 때는 작품으로써의 가치를 인정받지 못합니다.

하지만 이를 승화 · 발전시켜 새로운 작품으로 재탄생시켰을 때 역사의 평가는 시대를 뛰어넘습니다.

모방은 창조의 어머니이지만 창조적인 사고가 담겨있지 않은 모방은 그저 모방에 불과할 뿐이라는 말처럼 인류의 특권 중 하나인 창조적 행위에 보다 관심을 가져야 할 때입니다.

2009년 9월 27일 - **독서신문 1471호**

수능과 대학

지난 12일 2010학년도 대학수학능력시험이 치러졌습니다. 이번 수능에는 지난해보다 15% 늘어난 67만8천여 명이 지원했습니다.

수능의 난이도는 지난해 수준으로 6, 9월 모의평가 때보다 쉽게 출제됐다고 하지만 수험생들 입장에서는 수능이라는 부담감을 지울 수는 없는 듯합니다. 수능이 끝났지만 수험생들의 갈 길은 멀기만 합니다.

아직 대학을 들어가기 위한 수시 2차 및 정시전형이 남아있기 때문입니다. 안타까운 것은 수능 이후에 들려오는 대입이란 중압감을 벗어나지 못하고 스스로 목숨을 끊는 수험생들의 소식입니다.

벌써 수능일인 12일 강원 원주에서 수능의 부담감을 이기지 못하고 한 재수생이 목숨을 끊었다고 하며 이러한 안타까운 소식은 계속 들려올 듯합니다. 사실 대학이 삶의 전부가 아니라고 우리는 말하지만 대학이란 간판마저 없을 경우 받는 사회적 불이익은 이루 말할 수 없습니다.

여기에는 한국사회가 지연, 혈연, 학연으로 얽매어진 체제에서 벗어나지 못하고 있는 사실에서 기인합니다. 아무리 실력과 능력이 뛰어나더라도 한국사회에서는 이 같은 연이 없으면 성공하기 어렵다고들 합니다.

또한 대학졸업장이란 간판이라도 없을 경우 취업에도 많은 제약이 따르는 것이 사실입니다. 우리사회가 극복해야 할 문제점이지만 아직까지는 요원하기만 하며 그러다보니 대학졸업장이라는 간판을 위해서 학생들이 수능에 매달릴 수밖에 없고 수능을 위해 이 학원 저 학원에 끌려 다니는 안타까운 현실입니다.

대학이 전부가 아닌, 수능이 전부가 아닌, 학생들이 수능의 압박에서 벗어나 진정한 자신의 가치를 찾아갈 수 있는 사회를 만드는 것이 기성세대의 책임이자 역할이 아닐까요?

2009년 11월 25일 - 독서신문 1473호

법인 서울대 논란

국립대인 서울대를 국가로부터 독립된 법인으로 전환하는 내용의 '국립대학법인 서울대 설립 · 운영에 관한 법률 제정안'이 최근 국무회의를 통과했습니다. 이 제정안이 국회를 통과하면, 서울대는 이르면 2011년 3월부터 독립 법인으로 탈바꿈하게 됩니다.

이렇게 되면 서울대는 교과부로부터 직접 관리 · 감독을 받는 '국립대' 체제에서 사립대와 같은 형식의 '이사회 소유' 체제로 탈바꿈하게 됩니다.

제정안을 살펴보면 서울대가 보유 · 관리하던 국 · 공유 재산 및 물품을 무상으로 서울대에 넘겨주고 이후로도 서울대가 필요로 할 경우, 국 · 공유 재산 및 물품 무상 대부 · 사용이 가능하며 수익사업 허용과 각종 세제 혜택 등이 포함돼 있으며 또 '국가가 서울대의 안정적 재정운영을 위해 매년 지원금을 출연해야 한다'는 조항도 들어 있습니다.

이 법안이 국회를 통과해 시행될 경우 교육 · 연구 역량을 대폭 강화해 2025년 세계 10위권 대학으로 도약하겠다는 서울대의 장기 목표에 큰 힘이 될 수 있을 듯합니다.

하지만 무엇보다 중요한 것은 서울대의 역할 변화입니다. 서울대는 국립대로서 그동안 공교육에 큰 역할을 했습니다. 적은 등록금과 우수한 시설로 우수한 인재들을 길러왔고 사립대학에서 외면받는 기초학문의 보호와 발전을 선도해 왔습니다.

서울대가 사립대학이 되면 당장은 아니겠지만 인기 없는 학과들은 언젠가는 없어질 수밖에 없는 운명에 처하게 됩니다. 당장 돈이 안 되고 취업이 안 되고 학생들에게 인기가 없는 학문을 계속 유지해야 하는 명분이 사라지기 때문입니다. 이러한 난제들의 해결방안을 기대해봅니다.

2009년 12월 13일 - 독서신문 1475호

설날과 세시풍속

오늘은 우리민족 최대의 명절인 설날입니다. 설날은 조상 숭배와 효 사상에 기반을 두고 있어 대부분이 고향이나 웃어른을 찾아 떠나고 아침 차례를 올리고 새 옷을 즐겨 입습니다. 그래서 설날은 일체감과 동질성을 찾는 그런 날입니다.

이러한 일체감과 동질성은 결국 공동체의 결속을 강화시켜 더욱 끈끈한 정으로 화합하게 만듭니다. 이런 날이다 보니 설날은 유난히 세시풍속이 많이 따릅니다. 대표적인 것 중 하나가 우리 모두 익히 알고 있는 세배입니다. 어린 시절 부모 · 친척 · 형제 등 웃어른께 차례로 새해 첫인사를 드리고 받는 세뱃돈에 대한 추억이 떠오릅니다.

묵은 것을 털어버리고 새롭게 한 해를 맞이한다는 의미에서 설날 아침 일찍 일어나 미리 마련해놓은 새 옷을 입는데 이를 '설빔'(세장:歲粧)이라 하고 특히 어린이들은 설날 색동저고리를 입는데, 이것을 '까치저고리'라고 합니다. 설빔차림은 오늘날에도 아름다운 미풍

양속으로 전승되고 있습니다.

또 벽에 조리를 걸어 놓는데 그 해의 복을 취한다고 하여 '복 들어오는 조리'라는 뜻에서 복조리라 부릅니다. 조리가 만복을 일구어 주리라는 믿음에서 비롯된 복조리 풍습은 1970년대 후반까지도 성행했으나 점차 사라지고 있어 안타깝기만 합니다.

이밖에 음식과 술을 조상에게 대접하는 제사인 차례와 성묘, 섣달 그믐날 밤에 잠을 자면 눈썹이 희어진다고 믿는 해지킴(수세:守歲) 등도 우리가 아는 세시풍속 중 하나입니다.

이뿐만 아니라 문안비(門安婢)와 청참(聽讖), 야광귀(夜光鬼) 쫓기, 오행점(五行占)과 원일소발(元日燒髮), 떡국, 그리고 설에 즐기는 전통놀이로 윷놀이와 널뛰기, 연날리기, 썰매타기, 팽이치기, 바람개비놀이, 쥐불놓이(쥐불놀이) 등도 있습니다.

민족 최대의 명절인 설날 아침. 우리의 아름다운 미풍양속을 떠올려 봅니다.

2010년 2월 14일 - **독서신문 1478호**

도 넘은 교육비리

신학기를 앞두고 터져 나온 교육계의 비리는 그동안 곪을 대로 곪은 우리 교단의 현주소를 여실히 보여줍니다. 교육감과 장학사, 교장, 교감, 교사, 학부모까지 뒤엉킨 사슬 속에 이뤄지는 매관매직과 일선 학교의 각종 이권 및 입학 비리, 촌지 수수에 이르기까지 이루 열거하기가 어렵습니다. 오죽하면 장학사가 되려면 수천만원이 든다거나, 교사가 원하는 학교를 배정받으려면 수백만원이 든다는 등의 이야기가 아예 상식으로 굳어졌을까요?

그중에서 가장 만연해 있는 것이 칠판, 급식, 교과서 등 각종 자재나 시설 관련 비리입니다.

이 같은 시설비리는 업자들이 먼저 교육공무원에게 접근하는 경우가 많았지만, 교직원이 노골적으로 업자에게 금품을 요구하고 향응을 받은 사례도 적지 않다고 합니다. 또 일선 교사들 사이에는 교장 등이 수학여행 때 입찰을 거쳐 선정하도록 돼있는 여행사를 이미 내정한 상황에서 입찰을 형식적으로 한다는 소문도 돌고 있습니다.

시험문제 유출과 같은 '학력부정과 매관매직' 등의 인사비리 역시 심각한 실정입니다. 더욱이 최근에는 검찰 수사에서 서울시교육청 고위 공무원들의 '매관매직' 실태가 드러나면서 교육계 전체를 뒤흔들고 있습니다.

이처럼 교육계의 비리는 관행처럼 굳어지고 워낙 깊이가 깊고 폭이 넓다 보니 비리라는 문제의식마저 희박하게 만들었습니다. 교육비리는 일부 학부모의 비뚤어진 이기심도 한 몫을 하고 있습니다. 국민권익위원회의 설문조사 결과에 따르면 학부모 가운데 '촌지 제공 경험이 있다'는 응답이 약 5명 중 1명이라고 합니다.

상황이 이렇게 되자 대통령까지 직접 나서 교육비리 척결을 강조하고 있습니다. 교육당국도 외부 감사관제 도입과 비리 신고자 최대 1억원 포상금 등 다양한 대책을 내놓고 있지만 성과는 미지수입니다. 이제라도 근본적인 대책마련이 절실합니다.

2010년 2월 28일 - 독서신문 1479호

EBS 수능강의

정부가 사교육비 부담을 줄이는 대책으로 EBS 수능강의를 활용하는 방안을 대안으로 제시하고 있는 듯합니다.

최근 이명박 대통령이 EBS를 방문, "사교육을 없애는 것이 정부의 목표"라면서 "EBS 수능강의만 듣고도 좋은 대학에 갈 수 있도록 하겠다"고 강조했습니다.

또 교과부도 EBS 수능교재와 수능시험 연계율의 의미를 놓고 수험생 사이에 혼란이 커지자 구체적인 연계방안을 마련해 발표하는 등 올해 수능은 EBS 수능강의가 그 핵심으로 등장한 듯합니다.

정부의 이 같은 사교육비 근절대책은 수입의 대부분을 사교육비로 지출하는 가계에 큰 도움이 될 것이라고 교육부는 말하고 있습니다. 사실 EBS 수능강의만 듣고 대학에 갈수 있다면 수험생이나 수험생을 둔 부모들로부터 환영받을 만한 소식이 아닐 수 없습니다.

하지만 EBS 수능강의를 이렇게 강조하다보면 공교육인 학교는 애물단지로 전락하고 맙니다. 당장 학생들 사이에선 '그럼 학교는 뭐

하러 다녀야하냐'는 '학교무용론'도 제기된다고 합니다.

수능이 대학입시의 강력한 전형요소임에는 분명하나 학교가 전인교육의 장이라는 의미를 잃게 되며 선생님은 쓸모없는 존재로 전락하고 맙니다.

또한 이럴 경우 EBS 수능강의에 초점을 맞춘 사교육업체의 강의들이 더욱 활개를 칠 개연성을 내포하고 있다는 것입니다. 모든 학원들이 EBS에 출제되는 문제방식으로 수업을 진행하는, 그리하여 모든 지식이 단편화되고 평균적 사고에 매달리게 되는 현상이 발생할 수 있습니다.

과거에도 정부는 교과서만 제대로 이해하면 풀 수 있는 문제로 출제한다고 누누이 밝혀왔습니다. 하지만 지금은 교과서가 EBS 수능교재로 바뀐 것만 다른 게 아닐까하는 그런 우려가 듭니다.

2010년 3월 28일 - **독서신문 1481호**

日총리의 독도망언

독도 문제에 대해 지금까지 말을 아끼던 하토야마 유키오(鳩山由紀夫) 일본 총리가 마침내 '독도는 일본땅'이라고 공개적으로 천명했다고 합니다. 독도가 일본 땅이라는 일본 측 주장은 이번이 처음이 아니지만 문제는 일본을 대표하는 총리가 공개적으로 천명했다는 데에 문제의 심각성이 더합니다.

일본 정부는 1952년 샌프란시스코 강화조약 이후 독도 영유권 주장을 되풀이해 왔습니다. 1980년대에 교과서 문제가 한일간 외교 마찰로 번지자 한 때 교과서에 독도 영유권 주장을 싣지 않은 적도 있었으나 1998년 신(新)한일어업협정에서 독도를 중간수역의 법적 지위에서 제외한 뒤 영유권 주장을 노골화하기 시작했습니다.

이후 교과서 학습지도요령과 해설서에서 독도를 자국의 영토로 명기하도록 교과서 출판사에 요구하는 등 시간이 지날수록 독도 영유권 주장을 분명히 했으며 지난해 12월 고교 학습지도요령 해설서에는 '중학교 학습에 입각한 교육'을 하라고 요구, 사실상 독도 영유권을 주장했습니다.

특히 한국이 천안함 침몰로 경황이 없는 틈을 노려 지난달 말에 내놓은 초등학교 교과서 검정결과에서는 5종의 교과서 전체에 독도를 자국 영토로 금을 그으라고 요구했으며 이번에는 직접 총리가 나서서 독도의 영유권을 주장했습니다.

한국이 실효적으로 지배하고 있는 독도에 대한 일본 정부의 입장은 외무성 홈페이지의 '다케시마 문제(竹島問題)'란을 살펴보면 "다케시마는 역사적 사실에 비추어도, 국제법상으로도 명확하게 우리의 고유 영토다. 한국에 의한 다케시마의 점거는 국제법상 어떤 근거도 없이 행해지고 있는 불법점거로, 한국이 이러한 불법점거에 근거해 행하는 어떠한 조치도 법적인 정당성이 없다"고 표명돼 있습니다.

독도문제에 대한 차분하고 치밀한 대책마련이 요구되고 있습니다.

2010년 4월 11일 - **독서신문 1482호**

4월혁명 반세기의 의미

4 · 19 50주년을 맞는 현 시점에서 4 · 19를 돌아보는 것은 어떤 의미를 갖는가? 현재의 대한민국은 경제발전과 민주화의 과정을 거쳐 선진국에 비교해도 손색없는 독립자존의 시민사회가 됐다. 하지만 2008년 광우병 파동에서 보듯 지금 우리는 진보정권이든 보수정권이든 순조로운 국정수행이 불가능한 갈등의 상황이다.

이런 정치 혼란의 주된 원인은 극단적인 이념대립에 있다. 진보진영은 보수진영을 과거 반공주의와 권위주의에서 벗어나지 못한 꼴통수구세력으로 보고, 보수진영은 진보진영을 종북주의 또는 사회주의로 대한민국의 정통성을 사시하는 세력으로 여긴다. 이런 상황에서는 보수와 진보가 공존하는 참된 민주주의의 기반이 만들어지기 어렵다.

4월혁명은 한국 민주주의의 시발점이었다. 비록 4월혁명으로 쟁취한 민주주의가 1961년 5 · 16 군사쿠데타로 중단되고 70~80년대 '겨울공화국'으로 이어졌지만 서슬 퍼런 군부독재 하에서도 민주주의를 희구하던 대한국민들에게 4월혁명의 역사적 경험은 꺼지지 않는 희망의 불꽃이었다.

어느새 반세기가 지나버린 4월혁명에 대한 연구는 1980년대 이래 많은 학문적 성과물들이 축적됐다. 민족사적 흐름과 민족주의적 관점에서 바라보는 의미 분석은 물론 세계사적 맥락에서 바라보는 연구 또한 활발히 제기되고 있다.

제도로서의 민주주의와 실제로서의 민주주의의 괴리를 타개하기 위해 부당한 정치권력에 맞섰던 대중의 실천의지를 되새기는 것은 매우 의미 깊다. 거기에 1960년 4월에 타올랐던 민주주의의 불꽃이 어떻게 잦아들고, 정치권력과 지식인에 의해 어떻게 화석화됐는지 고찰하는 것 또한 중요하다.

4월 항쟁은 분명 '민주주의'라는 구호로 집약된다. 이념 논쟁 대신 서로 관용과 설득으로 사회통합을 이뤄야 한다. 관용과 설득은 민주주의의 기본 원칙이다.

2010년 4월 25일 - **독서신문 1484호**

함께하는 대한국민

단일 민족을 자랑하는 대한민국에서 언제부턴가 '다문화 가정'이라는 말이 낯설지 않게 됐다. 물론 선진국 국민과의 국제결혼으로 만들어진 '다문화 가정'도 있지만 우리가 통상적으로 인식하는 '다문화 가정'은 경제형편이 넉넉하지 않은 빈곤국에서 돈을 벌기 위해 이 땅에 온 사람들이 이룬 가정을 지칭한다. 그들의 피부색부터 언어까지 어느 새 수많은 인종들이 대한민국에 밀려들어 왔다. 동남아시아는 물론 이슬람계, 러시아 등 슬라브계, 유럽, 미국, 조선족까지…. 그들은 모두 대한민국에 사는 이방인들이다.

이방인들은 그들만의 가정을 꾸리거나 한국인과 결혼하기도 한다. 하지만 겉모습, 문화, 언어가 다르기 때문에 한국에 사는 다른 문화를 가진 사람들로서 그들은 항상 외롭다. 자신들의 생각을 적절하게 표현하지 못해 오해를 사기도 하고, 불이익을 당하기도 하고 심지어 문제가 생길 때마다 차별과 설움을 겪는다. 그 이방인들의 자녀들은 반은 한국인으로 반은 타민족인 채로 태어나 아무 것도 모른 채 또 하나의 이방인으로 성장한다.

그 아이들이 자라 학교에 갈 나이가 되면 문제는 더 심각해진다. 그들만의 학교가 있을 리 만무하기 때문에 한국 초등학교에 가게 되고 소위 집단 따돌림과 괴롭힘을 당한다. 단지 나와 다르다는 이유로 타 민족 사람들에게 설움과 핍박을 가하고 있는 것이다. 1970년대, 80년대 세계 곳곳으로 돈 벌러 나가 백호주의에, 유색인종 차별에 설움을 당했던 우리의 역사를 되돌아봐야 할 때다.

지금 우리는 이 땅에서 함께 살아가는 이방인들을 '우리 공동체'로 끌어안는 발상의 전환이 절실하다. 경제적인 이유로 먼 타국에 와서 고생하는 사람들을 따뜻하게 감싸주고 더 나아가 그들 문화와 상호 교류하는 것이 더 큰 문화발전을 이루는 길일 것이다. 문화적 배타성보다 개방성과 다양성을 가르치는 것이 인성교육과 문화적 창의성 확대의 방법이다.

2010년 5월 9일 - **독서신문 1486호**

급식은 정치가 아니다

6 · 2 지방선거가 무상급식 논란으로 팽팽한 공약대립 양상을 보이고 있다. 급기야 대통령까지 확고한 입장 표명에 나서고 보수와 진보는 무상급식을 선거의 최대 쟁점 사안으로 부각시키며 사회계층 간 불화를 조장하고 있다. 어린 시절의 상처는 인성까지도 위협할 수 있는 '낙인효과'를 강조하며 전면 무상급식을 주장하는 진보진영과 국민의 환심을 사기위한 획일적인 평등주의는 정치선동이라고 주장하는 보수진영의 대결구도에 국민들은 사분오열하고 있는 것이다.

무상급식은 헌법에서 의무교육으로 정하고 있는 초중등교육을 근거로 점심식사도 교육의 연장선으로 봐야 하기 때문에 경제빈곤층 뿐만 아니라 모든 초 · 중등학생에게 무상으로 제공해야 한다는 제도다.

교과부에 따르면 작년 급식을 제공받은 초중고 학생 745만명 중 무료급식 대상은 13.0%인 97만명이었고, 이것을 기준으로 보면 전면 무상급식을 실시할 경우 최소 1조9천662억원의 예산이 필요하며 고등학생까지 포함하게 되면 적어도 2조8천509억원이 소요될 것으로 추정했다.

예산적으로도 막대한 숫자지만 유치원 등 영유아 복지 및 기타 사회복지 예산에도 많은 영향을 줄 수 있는 규모인 것은 사실이다. 그러나 여전히 보이지 않는 곳에서 점심을 고민하는 아이들에게 학생들끼리 서로 눈치를 보게 만드는 상황을 더욱 조장할 수 있는 점진적, 순차적 급식제도 역시 고민하지 않으면 안 되는 우리의 과제인 것이다.

무상급식은 선별적 복지와 제도적 복지로 양분해서 볼 문제가 아니다. 더구나 정치적 이권을 위한 수단으로 명분과 원론에만 치우친 다툼을 하고 국민계층 간 위화감과 소외감을 부추기는 후진적 정치기법은 매우 위험하다. 급식문제는 우리 아이들의 점심 한 끼의 문제가 아니라 우리 사회의 자유와 평등 그리고 인권의 문제이기 때문이다.

2010년 5월 23일 - 독서신문 1488호

시간강사 처우 개선해야

얼마 전 대학 시간강사들에 대한 비현실적 처우가 밝혀지고, 교수 임용과정 부조리 문제에 희생된 안타까운 죽음이 발생하면서 국내 시간강사의 열악한 현실이 사회의 주목을 받고 있다. 이런 가운데 성균관대 시간강사들은 자진해서 강의료를 5% 인하할 테니, 대학 등록금도 인하하라는 발표를 하며, 대학이 학생들과 등록금 문제를 협의할 때 강의료가 비싸다는 구실을 이용하는 것에 정면 공격했다. 그리고 금번 강의료 자진삭감 발표는 대학 강사와 비정규직 교수들의 열악한 현실을 그대로 드러내고, 실질적인 등록금 인하 결정까지 이끌어 낼 수 있는 기회라고 밝혔다.

지난 2003년에는 S대 시간 강사 비관자살 사건과 관련 한국비정규직노조가 국가인권위원회에 진정서를 냈다. 인권위는 시간 강사 문제는 평등권 침해 가능성과 국민의 교육받을 권리 훼손의 우려가 있다는 막연한 발표를 했다. 또 현 교육과학기술부 차관은 국회의원 시절 대학시간 강사를 교원으로 인정해야한다는 법안을 발의했던 장본인임에도 아직 별다른 해결 모습은 보이지 않고 있다.

한편 사회통합위원회는 시간강사 문제해결을 위해 박사학위 소지자 중 주당 12시간 강의하는 5년 이상 경력의 시간강사를 대상으로 강좌교수, 기간제 교수, 계약제 교수로 바꿔 방학 때 월급을 지급하고 4대 보험 혜택을 주자는 방안을 내놓았다. 전체 시간강사의 7%인 5천 명 정도가 우선 대상이지만 대학은 재정을 이유로 반대하고, 시간강사들은 근본 해결책이 될 수 없다고 비판한다.

금번 안타까운 죽음을 부른 시간강사 처우문제 뿐만 아니라 대학운영을 둘러싼 각종 부조리한 문제들을 접할 때마다 우리는 대학의 자율적 제도개선에 힘을 실어 줬다. 하지만 결과는 기대에 못 미친 것이 사실이다.

더 이상 대학교육계의 현실을 외면해서는 안 된다. 잘못된 것을 알고도 방치하는 것만큼 위험한 것은 없다.

2010년 6월 13일 - 독서신문 1490호

자성과 혁신만이 살 길

한국방송영화공연예술인노동조합(이하 한예조)이 만성적인 출연료 미지급 문제 해결을 촉구하며 외주제작 드라마 촬영 전면 거부라는 초강수 대응에 나섰다. 한예조가 일부 방송사가 아닌 방송3사 전체를 상대로 전면 촬영 거부에 나선 것은 이번이 처음이어서, 방송 사상 초유의 대량 불방 사태가 우려된다. 지금까지 지상파 방송3사가 외주제작사에게 미지급한 출연료는 모두 37억7천여만 원으로, 한예조는 방송사와 외주제작사 모두에게 출연료 미지급에 대한 대책을 요청했지만 효율적인 대안을 받지 못했다고 주장했다.

작년 3월 탤런트 장자연씨 자살사건 이후 수개월 간 경찰 및 국가인권위원회는 진상 조사를 진행했고, 지난 4월 27일 국가인권위원회가 그 결과로 연예계 성상납비리 및 인권침해 실태에 대한 보고를 했다. 이날 한예조는 성명서를 통해 대중문화예술계를 이토록 처참한 인권사각지대로 만든 주범으로 지상파 3사의 파렴치함과 부도덕성을 꼬집었다.

관련단체와 소속사들이 연예인에게 관행적으로 강요해 왔던 인권침해 및 불공정 계약 조항의 노예계약서 문제, 그동안 공공연하게 만연돼 있던 여성 대중문화예술인들의 성상납 문제 외에도 지상파 3사의 우월적 지위를 이용한 덤핑계약 강요 등을 낱낱이 공개하면서 자정 노력을 호소했다.

금번 출연료 미지급 문제해결 촉구를 위해 '전면 출연 거부'라는 극약처방을 선택한 한예조는 아무리 방송법으로 외주제작 비율을 의무화했지만, 사실상 콘텐츠 제작과 편성 · 송출 권한이 방송사에 집중돼 있는 우리나라 현실에서 대중문화예술계는 시장경제 원리가 통하지 않는 경제 치외법권 분야며, 인권유린의 사각지대라고 지적했다.

제2의 한류를 위해 우리가 해야 할 일은 구태의연하고 비인간적인 관행을 과감히 엄단하고 새롭고 튼튼한 주춧돌 위에서 글로벌 콘텐츠 마켓의 주인공으로 나가는 것이다.

2010년 6월 27일 - **독서신문 1492호**

학생은 수평적 인격체다

"학교 교육 전반에 대한 불신을 야기하는 일부 교원들의 인권의식 부재가 정말 안타깝다. 학교가 아이들을 건강한 인격체로 존중하는 철학과 인식의 부족을 여실히 드러낸 것이다."

최근 잇달아 보도된 학생 폭행 및 성추행 교사들 사건에 대해 김상곤 경기도교육감이 암울한 교육계 현실을 강도 높게 지적하며 부서 차원이 아닌 교육청 전체 차원의 종합적 대책을 주문했다. 학생을 대등한 인격체로 존중하며 행해지는 교육이 참교육이라는 신념을 강조한 것이다. 학생체벌 전면 금지 등 학생인권 보장이 이슈화되자 교권침해를 주장하며 교원단체들이 목소리를 높이고 있다. 학생인권과 교권의 대립 양상이다.

'교권'에 대한 견해에서 공통으로 포함되는 것은 '교육자유권', '신분 보장권', '교원 단체활동권'이다. 여기서 '교육자유권'은 학문의 자유와 교육과정상의 자율성을 포괄하는 교원의 '교육할 권리'를 말하는데, 이것은 자유로운 교육을 규정한 것이다. 하지만 '교육자유권'은 또한 '교사가 무엇을 해도 좋다'는 식의 자유가 아니라 학생의 발달과 학습권 보장의 기초 위에 정해져야 한다는 것으로, 교육권의 주체들(학생, 학부모, 교사, 국가) 상호간에 균형과 조화를 이뤄야 하는 권리다.

국가인권위원회가 부산교육연구소와 공동으로 전국 초 · 중 · 고 교사 1천560명을 대상으로 실시한 인권의식 설문에서 교사들은, '상급자로부터 교사의 교육권을 지킬 권리', '양심에 비추어 부당한 업무나 지시에 거부할 권리' 등 '교권'에 대한 항목에 대해서는 과반수가 '매우 중요하다'고 답한 반면, '학생의 사생활을 보호받을 권리', '두발 · 복장의 자유권' 등 '학생인권'과 관련된 항목에 대해서는 10.3%, 5.7%만이 '매우 중요하다'고 대답했다. 교권남용에 의한 학생인권 침해가 그 반대 경우보다 월등히 많은 현실이다. 교원과 학생을 수직적 관계로 인식하고 행해지는 우리 교육의 현실을 이제라도 바로잡아야 한다.

2010년 7월 25일 - 독서신문 1495호

자주자강의 역사돼야

1910년 8월29일 대한제국은 일본에 강제병합 됐다. 우리는 '경술국치'라고 한다. 그 날 이후로 백 년이 지나 또 한 번 8월 29일을 맞았다.

올해 초 우리는 새해를 맞이하면서 한 · 일 관계의 새로운 100년을 다짐했다. 3 · 1절에도, 또 안중근 의사 서거 백주년을 되새기며 유해발굴과 귀국 사업을 완수하자는 결의도 더욱 다졌다. 하지만 올해의 반도 훌쩍 넘긴 이 시점에서 진전되고 새로워진 것은 그다지 보이지 않는다. 끝도 없는 평행선 달리기만 보이는 듯하다.

얼마 전 일본 왕실이 한 · 일 강제병합 100년을 맞아 새로운 한 · 일 관계형성을 위해 조선왕실 의궤를 한국에 반환하겠다는 발표를 했다. 역사에 대한 반성과 성찰의 의미라고 했다. 그런데, 조선왕실 의궤 167책 중 4책은 제외됐다. 일본왕실의 궁과 재산을 관리하는 궁내청의 서릉부가 적법한 절차로 구입했다는 증거가 발견됐다는 이유였다.

카사이 아키라 일본 중의원은 궁내청에는 조선왕실 의궤 외에도 다른 문화재들이 상당수 있다고 말하고, 그 문화재들은 대부분 조선 총독부를 통해 한반도에서 건너온 것이 확실하다고 밝혔다. 그럼에도 일본 왕실과 정부는 조선왕실 의궤 외에 다른 문화재를 추가적으로 반환할 계획이 전혀 없다고 공식 발표했다.

한국고전번역원이 경술국치 백년을 맞아 일제의 강제병합에 항거해 스스로 목숨을 끊은 애국지사이자 한학자인 매천 황현과 향산 이만도의 작품을 번역했다. 이 분들이 남긴 절명시들을 보면 그 날을 맞았던 우리 선조들의 애끓는 아픔과 결단, 숭고한 정신이 구구절절 묻어난다. 그리고 그 비애를 아리도록 아름다운 시로 표현한 뛰어난 예술의 경지에 고개가 숙여진다. '가슴 속의 비릿한 피 다 마르니/이 마음 다시 허하고 밝아지네/내일이면 양 어깨에 날개가 생겨/옥경 위로 올라가 소요하리라' 오늘 그 분들의 글을 되새겨본다.

2010년 8월 29일 - **독서신문 1497호**

‘인도’가 아닌 ‘반환’

지난 8월, 간 나오토 일본 총리가 한일 강제병합 100주년을 맞아 ‘새로운 한일양국관계의 발전과 비전’에 대한 담화를 발표하면서 약속했던 우리 문화재 반환이 실행된다. 약속이 지켜졌다는 반가운 마음이 생경스러운 것은 이번 반환이 우리 요구의 일부에 지나지 않기 때문일 것이다.

이번에 반환되는 조선왕실 의궤 전부와 대전회통, 증보문헌비고 등 귀중한 우리 문화재 1,205점은 지난 1965년 한일협정 당시 우리 정부가 반환을 요구한 문화재 4,479점의 일부에 불과하다. 일본 입장에서는 당초 예상보다 많은 분량이라며, 최대한 성의를 보였다고 할 수 있을지 모른다. 그러나 반환 대상을 일제강점기에 조선총독부를 경유해 반출된 도서로 한정, 궁내청 도서관 소장 책자 일부만 돌아온 것은 매우 안타깝다.

게다가 일본 정부는 우리가 고수하고 있는 ‘반환’이란 표현 대신 ‘인도’라는 말을 고집, 약탈해 간 우리 문화재를 더 이상 내주지 않으려는 자세를 보이며 염려를 자아내고 있다. 강제병합에 대한 사과와 새로운 양국관계에 대한 희망을 표현한 담화문의 진정성마저 의구심이 든다.

일본에 있는 우리 문화재는 소재가 파악된 것만 6만1,409점이며 개인 소장 물량까지 합하면 무려 30만점이 넘는 것으로 추정된다. 일본 뿐 만 아니라 해외에 유출된 우리문화재는 10만여 점이나 되지만 돌아온 것은 5천점 정도다. 찾아와야 할 문화재들이 수없이 많은 우리 입장에서는 이번 반환은 시작일 뿐이다. 1992년 양국 정상회담에서 반환에 합의한 프랑스에 있는 외규장각 도서만 하더라도 지금까지 소유권 이전은 고사하고 영구대여 보장 문제조차 풀지 못하고 있다.

강탈당한 우리 문화재를 되찾는 일은 많은 노력과 시간이 든다. 이번 반환이 일회성, 선심성이 되지 않기 위해서 우리 모두 더욱 치밀한 노력을 해야 할 것이다.

2010년 11월 14일 - 독서신문 1499호

역사, 필요 아닌 필수

"자신이 태어나기 전에 일어났던 일을 모르는 것은 영원히 어린 아이로 남아 있는 것이다."(키에르 키케로), "한류에서 보듯 역사는 무궁무진한 콘텐츠의 원천이다. 역사가 경쟁력이다."(드라마 '대장금', '동이' 연출 이병훈 PD)

'역사란 무엇인가'에 대한 말들이다.

1995년 김영삼 정부 시절 발표했던 5.31 교육개혁조치 이후 초등학교부터 고등학교까지 필수과목이던 국사과목이 고1까지로 낮춰졌다. 현 정권 들어, 중3까지 필수과목으로 하고 고교과정에서는 선택으로 한다는 국가교육과학기술자문회의 발표 후 올해부터는 고교과정 동안 국사를 전혀 공부하지 않아도 되는 선택과목으로 전락했다. 우리 역사교육의 위상이 끝없이 추락하고 있는 것이다.

역사란 과거와 현재의 대화다. 대화의 양도 부족하고 질적 수준도 현저히 낮은 시대를 살고 있는 우리에게 공동체 마음을 잇는 끈인 역사의 순기능을 살려야 하는데, 학생 스스로 만들어 가는 교육

과정이라는 선택 중심의 고교 운영에 밀려 국사교육은 생명력을 잃었다.

지난해 11월, G20 정상회의 공식 만찬이 열린 서울 국립중앙박물관에서 버락 오바마 미국 대통령은 "뷰티풀"을 연발하며 "한국 문화가 이렇게 독특한지 몰랐다"고 했고, 각국 정상들도 "한국이 경제적으로만 잘사는 줄 알았는데, 문화까지 대단할 줄 몰랐다"고 격찬했다.

세계가 놀라고 세계인이 격찬하는 우리 역사에 정작 우리는 무감각하고 소홀하기까지 하다. 한 여론조사에서 전국 만16세 이상 남녀 1130명을 대상으로 '역사 지식과 인식'에 관해 물어본 결과를 보면 "국사를 필수과목으로 지정해야 한다"는 의견이 91.2%였고, 국사가 필수과목이 아니란 사실을 "알고 있다"는 응답은 55.9%, "모르고 있다"는 42.7%였다.

역사야 말로 무궁무진한 콘텐츠의 보고다. 우리 역사교육에 대한 우려의 목소리에 귀를 기울여야 한다.

2011년 1월 16일 - **독서신문 1503호**

'지식' 아닌 '생각' 교육

학원과 입시가 없는 핀란드는 학생의 천국이다. 대학은 모두 국립이며 학생들은 매월 나라에서 장학금을 받는다. 입학금, 수업료, 기숙사비 등 모두가 공짜다. 교육받을 권리가 100% 보장돼 있다. 입시가 없으니 학원이 필요 없다.

그러나 핀란드는 OECD가 지난 2000년부터 실시하고 있는 국제학력평가(PISA)에서 부동의 1위를 고수하며 세계최고 수준의 교육을 자랑한다. 독해력, 과학적 응용력, 문제해결력 등으로 나눠 평가되는 국제학력평가(PISA)에서 핀란드는 고르게 1, 2위를 선점하고 있다. 우리 한국도 핀란드에 이어 2, 3위를 다투고 있을 만큼 학업성취도에서는 세계적이라고 할 만하다.

그러나 핀란드와 한국의 학생들을 비교하면 '학습천국'과 '입시지옥'으로 대조된다. 입시와 등수가 없고, 모르고 지나가는 게 부끄러운 것이지 유급이 부끄러운 게 아니라는 인식으로 꼴찌 없는 교실을 실천하고 있는 핀란드와, 국제중, 특목고 등 서열화 된 학교 속에서 등수와 경쟁에 떠밀려 살인적인 입시공부에 시달리는 한국 학생들의 모습은 비교하기 부끄러울 정도다.

핀란드 교육의 핵심은 '지식보다는 생각'을 강조하며 '배움과 일을 병행하는 고등교육'을 지향하는 데 있다. 그리고 그 실행방법으로 '읽기'와 '프리젠테이션'에 주력한다. 핀란드에서는 '공부한다'고 말하지 않는다. 대신 '읽는다'고 한다. 시험은 거의 에세이(작문)고, 주제도 '당신에게 문화가 의미하는 것은 무엇인가?' 등 다양하고 포괄적이다. 암기력을 바탕으로 한 획일적 답이 아닌 자신의 경험과 생각을 논리적으로 표현하는 능력을 기르는 교육인 것이다.

독서와 논술을 장려하던 교과부가 사교육 억제를 이유로 '논술폐지' 처방을 내놓았다. 미봉책으로 일관하는 한국의 교육현실이 언제쯤 근본부터 바로 세우게 될 수 있을지 갈수록 답답하기만 하다. 앞에서 끄는 한국교육과 뒤에서 미는 핀란드 교육, 그 차이가 확연히 느껴진다.

2011년 2월 20일 - **독서신문 1505호**

누구나 회초리는 아프다

교육에서의 체벌은 교육의 역사 자체라고 할 만큼 유래가 깊다. 동서양을 막론하고 '회초리 교육'의 유용론은 수많은 격언과 속담, 미술품에 이르기까지 다양하게 전해지고 있다.

구약성경의 '지혜서'와 '잠언서'에서 유래한 '회초리를 아끼면 아이를 망친다'(Spare the rod, spoil the child.)는 서양속담을 비롯해, '사랑하는 자식일수록 매를 아끼지 말아야 한다', '훈육의 매는 아프지만 아이들의 마음속에서 어리석음을 몰아낸다' 등은 우리 모두에게 매우 익숙한 말들이다.

또, 고대 철학자였던 아리스토텔레스는 '고분고분하지 않은 아이는 수치스럽게 매 맞아야 한다'고 했고, 조선시대 화가 김홍도의 풍속화 '서당'에는 친구들이 보는 앞에서 훈장으로부터 회초리를 맞고 우는 학생의 모습이 코믹하게 묘사돼 있다.

이에 비해 체벌에 대한 비판은 11세기경 영국의 캔터버리(Canterbury) 추기경이 과도한 체벌의 위험성을 경고한 것과, 1693년 영국의 교육

철학자 존 로크(John Locke)가 그의 논문에서 주요 교육수단으로 학교체벌이 횡횡하고 있는 현실을 체계적으로 비판한 것이 시작이었다.

하지만 체벌은 학교, 가정, 수도원, 교회 등 사회 전반에 걸쳐 교육과 훈육의 수단으로 면면히 이어져 내려왔고, 특히 '학교체벌'은 서양사회에서도 금지 법안이 마련돼 시행된 것이 1970년대 이후부터였다.

교과부가 고육지책으로 내놓은 간접체벌허용에 대해 국가인권위원회가 '인권침해 소지가 있다'는 결론을 내렸다. 가벼운 발걸음으로 새 학기를 시작해야 하는 학교가 온통 혼란스러운 상황이다.

하지만 '교권과 인권', '수업권과 학습권' 등 단순한 이분법적 논리로 해결할 문제가 아니다. 시간이 걸리더라도 사회 구성원들의 충분한 의견 수렴 과정을 통해 솔로몬의 지혜를 찾아야 한다.

2011년 3월 6일 - 독서신문 1506호

일본, 역사인식 바로 해야

독도의 내력은 일찍부터 역사 문헌에 나타난 울릉도 관련 기록에서 분명히 확인되고 있다.

한반도 본토 유민에 의해 세워진 것으로 추정되는 우산국(울릉도)은 6세기 초(512년) 신라에 귀속됐다.('6월에 우산국이 신라에 속했다' - 삼국사기 신라본기 지증왕13년 기록) 18세기에 나온 정상익의 『동국지도』에는 울릉도와 우산도(독도)의 위치와 크기가 정확히 표시돼 있다.

이 외에도 1899년(광무 3년) 당시 중등과정 신식교육기관에서 활용했던 『대한지지』 제1권에 삽입된 지도(대한전도)에도 울릉도 옆에 '于山'이라는 표기와 함께 섬이 그려져 있다.

독도는 1900년 고종황제 칙령41조에 의해 공식적으로 울릉군 한 부속도서로 강원도에 편입됐고, 1914년 행정구역 개편으로 경상북도에 편입돼, 2000년 4월 7일을 기점으로 행정구역상 주소가 경상북도 울릉군 독도리 산1~산37로 정해졌다.

이렇듯 명명백백한 사료적 증거를 갖고 있고 또, 오랫동안 우리가 실효지배를 하고 있는 우리 영토 독도를 일본은 '일본영토 다케시마를 한국이 불법점거하고 있다'고 주장하며 초등교과서에 이어 중등교과서에도 독도영유권 게재를 허가했다.

일본은 독도영유권 주장의 근거로 2차 세계대전 패망 후 일본이 연합국과 맺은 『대일평화조약』 제2조 (a)항 "일본은 한국의 독립을 인정하고 제주도, 거문도 그리고 울릉도를 포함하는 '한국에 대한 모든 권리(right), 권원(title)과 청구권(claim)'을 포기한다"를 들고 있는데, 특히 "세 섬은 한국 영토의 가장 바깥쪽에 있는 외곽선을 표시하는 것으로, 독도는 한국영토에서 제외된다"는 주장으로 억측을 부리고 있다.

경제 가치 11.6조원의 독도에 눈독 들이는 일본의 야욕에 감정 대응보다는 올바른 역사인식에 바탕을 둔 합리적 대응과 자주권 수호가 중요하다. 투철한 역사관 확립을 위한 체계적인 역사교육의 중요성을 각인할 때다.

2011년 4월 3일 - 독서신문 1508호

찬란한 슬픔의 봄

무한경쟁 속 일등과 성공만을 강요당하며 세칭 '일류대학'이란 곳에 발을 들인 꽃다운 젊은이들이 끝이 보이지 않는 성과평가 위주의 경쟁시스템을 이기지 못하고 스스로 죽음을 선택하는 일이 계속 발생하고 있다. 금번 카이스트 학생들의 잇따른 자살 외에도 우리 사회는 OECD 국가 중 자살율 1위라는 삭막하고 냉혈적인 교육환경으로 학생들을 죽음으로 몰아가고 있다.

대한민국은 지나친 교육열로 사회적 열병을 앓고 있으며, 또 동시에 엄청난 교육열 덕분에 눈부신 발전을 이룩했다. 그 교육열의 정점에 '대학'이 있다. 일류대를 가기 위해 어린 학생들은 새벽부터 밤까지, 아니 다음날 새벽까지 학교와 학원을 뺑뺑 돌며 살인적인 입시공부에 시달린다.

그런데, 거기서 성공적으로 자랐다는 찬사와 부러움을 받는 일류대 학생들이 과도한 경쟁 스트레스를 견디지 못하고 상대적 열등감과 박탈감 그리고 외로움 속에 죽어가고 있다.

단지 그들이 너무 나약하고 고난극복 의지가 부족해서 일어난 일일까? 개인 문제로 치부할 수만은 없는 엄연한 '사회적 살인'으로 봐야 한다. 인성과 교양 교육 없는 우리 교육이 만들어낸 결과인 것이다.

공부만큼은 신이라 불리는 그들이었지만 일말의 여지도 없이 숨가쁘게 떠밀려 왔기에 소통이 단절된 사회 속에서 그들이 할 수 있는 선택이란 '자살'밖에 없었을 것이다. 떠난 그들을 생각하며 지금도 자살의 기로에서 고통스럽게 몸부림치는 또 다른 '그들'이 얼마나 많을지 가슴이 저며 온다.

얼어붙었던 대지에서 아른아른 피어오르는 아지랑이의 코끝 간지러운 포근함과 형형색색 새롭게 피어난 수줍은 꽃망울들로 온 세상이 가득한 아름다운 계절이지만, 우리의 아이들은 돈 한 푼 안들이고 만끽할 수 있는 대자연의 아름다움을 바라보고 느낄 겨를도 없이 공부에 떠밀려 다닌다. 일등을 향해 가는 '찬란한 슬픔의 봄'이다.

2011년 4월 17일 - 독서신문 1509호

대학 등록금, 다각적 모색해야

'무상급식' 논쟁에 이어 '반값 등록금' 추진에 전 국민의 시선이 쏠리고 있다.

많은 조사에서 발표한 바, 우리나라 대학 등록금은 각 가정의 경제규모에 비해, 또 선진국들과 비교해도 매우 높은 편이다. 일정 수준 이상의 생활을 영위한다는 중산층 가정조차도 감당하기 어려운 현실이다. 의대가 아닌 대학도 연간 등록금이 1,000만원이 넘는다.

교육과학기술부 자료에 따르면 2007~2008년 기준 우리나라 국공립대 연평균 등록금은 4,717 달러로 5,943 달러인 미국에 이어 경제협력개발기구(OECD) 국가 중 2위였다. 사립대 역시 미국에 이어 2위였다. 또, 지난 5년 간 우리나라 대학의 등록금 인상률은 국립대 30.2%, 사립대 25.3%로, 물가상승률 16.1%를 훨씬 뛰어넘는다.

이제 대학 등록금 문제는 학부모와 학생뿐만 아니라 전 국민의 생존권과 교육권 등 기본권을 위협하는 가장 큰 폭풍의 핵임에 틀림없다. 정부나 정치권 모두 더 이상 미뤄두고 관망할 상황이 아닌 것이다.

하지만, 문제 해결의 핵심을 복지 포퓰리즘이나 '반값' 등 산술적 계산에 의지해 단편적으로 봐서는 안 된다. 우리나라 대학진학률은 지난해 79%를 기록해 세계 최고 수준을 보였고, 대학 수는 4년제가 200개, 2년제가 150개였다. 출산율 감소로 2020년에는 현재 60만명의 고교졸업자가 40만명으로 줄어들 전망이다. 소위 이름뿐인 대학들의 '존폐 위기'가 코앞으로 다가온 것이며, 대학들의 자율적인 구조조정이 불가피한 것이다.

국민 세금으로 대학 재정을 지원하든, 가난한 학생들에게 장학금 혜택을 대폭 늘리든 결국 문제는 재원 마련에 있다. 경쟁력 있는 세계적인 대학 육성과 글로벌 인재 양성이라는 두 마리 토끼를 다 잡아야 하는 만큼, 등록금 지원이 대학 경쟁력 제고에 오히려 독이 되지 않도록 운영 방향을 제대로 잡는 것 또한 중요하다.

2011년 5월 29일 - **독서신문 1511호**

부실대학 퇴출

교육과학기술부가 전남 순천의 명신대와 강진의 성화대 폐쇄를 전격 결정했다. 지난 2000년 광주예술대, 2008년 아시아대가 대학 비리를 이유로 퇴출된 적은 있으나 대학 구조개혁이란 큰 틀에 따른 퇴출은 이번이 처음이란 점에서 의미가 크다. 우리 사회에는 차마 대학이라 부르기 민망한 엉터리 대학이 너무 많다. 학습권과 최소한의 교육 시스템 등을 더욱 엄정한 잣대로 평가하되, 기본 요건을 갖추지 못한 대학은 언제든 퇴출시킬 수 있는 정책을 정착하는 계기가 돼야 한다.

이런 부실대학의 1차 피해자는 학생들이다. 교육여건 확보를 위한 재정 투자는 고사하고 학사운영마저 부실하기 짝이 없는 마당에 정상적인 대학교육이 이뤄질 리 만무하다. 이런 대학들은 또 전체 대학의 경쟁력을 갉아먹는 주범이다. 학생 수가 갈수록 줄어드는 상황에서 대학 경쟁력을 확보하기 위해 부실대학 퇴출을 포함한 대학 구조개혁이 시급한 이유다.

문제는 현행 고등교육법에 따른 학교 폐쇄 방식으로는 부실대학 퇴출에 한계가 있다는 점이다. 대학의 비리가 발견된 뒤 감사와 수차례의 예고를 해야 하는 등 절차가 까다로워 진행이 더딜 수밖에 없다. 게다가 학교 폐쇄 시 잔여재산을 국고에 귀속하게 돼 있어 대학의 저항이 만만치 않다. 이런 문제를 해소하고 구조개혁을 활성화하려면 자발적 퇴출 시스템 마련이 시급하다. 대학이 스스로 문을 닫으면 청산 재산을 설립자에게 어느 정도 돌려주는 등 자발적 퇴로를 열어줄 필요가 있다.

다만 모든 분야가 그렇듯, 대학 구조조정 역시 부작용과 선의의 피해는 최대한 줄여야 한다. 당장 폐교에 따른 재학생들의 불안과 혼란을 해소해주는 문제부터 신경을 써야 한다. 하루아침에 직장을 잃게 될 교직원들의 문제도 방치해서는 안 될 것이다. 무작정 퇴출만 고집하기보다는 통 · 폐합과 인수 · 합병을 통해 시너지 효과를 살릴 수 있도록 유도하는 것도 필요하다.

2011년 11월 13일 - 독서신문 1520호

숭례문

숭례문이 지난 5월 4일 화마(火魔)에서 부활했다. 5년 3개월 만의 일이다. 2008년 2월 땅값 보상에 불만을 품은 70대 노인의 방화로 대한민국의 상징이자 역사인 국보1호가 속절없이 불타 무너져 내렸다. 임진왜란과 병자호란, 일제강점기와 6 · 25전쟁을 거치면서 600여년을 살아남은 숭례문이 어처구니없는 화재로 사라질 뻔 했다. 새 단장을 한 숭례문은 전통적인 기법과 우리 고유의 재료로 조선시대의 원형을 되찾았다. 일제 때 훼손되었던 좌우측 성벽까지 다시 쌓아 숭례문 본래의 웅장한 모습을 되찾게 했다. 여기에는 복구에 참여한 수많은 장인들의 땀과 소나무를 기증하거나 성금을 모아 준 국민들의 정성이 깃들어 있다.

다시 국민의 품으로 돌아온 숭례문은 문화재 복구 이상의 의미가 있다. 한번 훼손된 문화재를 다시 살리기가 얼마나 어려운지 국민들은 새삼 깨달았다. 문화재 보호를 위한 화재 예방시스템 등 방재 체계가 강화된 1차적인 성과도 있다. 사실 화재나 천재지변으로 인한 훼손보다는 도로개설이나 건축 등 개발로 인한 문화재 훼손이 더 심각하다. 서울 시내 곳곳에 산재한 수많은 성곽의 흔적들이 그것을 증명한다. 성에 사용된 돌들이 개인 주택이나 공공기관의 축대와 주차장 담벼락으로 쓰이고 있다. 서울 종로구 청진동 일대에서 발견된 조선시대 상점 건물인 시전행랑 유구는 이곳 재개발로 상당부분 사라졌다. 최근 논란의 중심에 있는 울산의 반구대 암각화 보존방법을 두고도 갈등이 첨예하다. 정확한 고증 없이 이뤄진 잘못된 복원도 문제다. 숭례문과 함께 세워진 숙정문은 500년간 없던 문루를 지난 1976년 복원의 이름하에 세워 올렸다. 숙정문과 혜화문 편액은 글쓰기 순서마저 지켜지지 않았다.

문화재는 '보존이냐 개발이냐'에서 타협이 있을 수 없다. 타협은 곧 훼손과 파괴를 의미하기 때문이다. 숭례문의 복구는 문화유산의 가치와 전통을 지키는 새로운 출발점이 돼야 한다.

2013년 5월 12일 - 독서신문 1548호

6075 新중년 시대 1

얼마 전 가수 최백호(63)가 '첫사랑'이란 제목의 새 앨범을 냈다. 그는 언론과의 인터뷰에서 "나이가 들수록 목소리가 좋아지고 있다. 70세가 되면 다시 크게 히트할 수 있는 노래를 내놓겠다"며 목소리를 높였다. 같은 나이의 조용필도 대규모 순회공연을 펼치며 아이돌 가수 못지않은 인기를 구가하고 있다.

요즘 예능 프로그램에서도 현역으로 뛰고 있는 가수 송대관이나 조영남, 탤런트 노주현도 67,8세다. 내일 모레면 70세다. 나훈아, 남진, 송창식, 윤형주 다 비슷한 또래다. 〈꽃보다 할배〉프로그램에 나온 4인중 가장 어린 백일섭의 나이도 70세다. 10여년 전만 해도 이 나이에 이렇게 현역으로 활약할 줄 누가 상상이나 했을까.

TV에서 종횡무진 활동하는 이들처럼 우리사회 전반에도 이 또래 연령층의 활약과 중요성이 점점 커지면서 소위 '6075 新중년층'으로 불리는 60세에서 75세 사이의 '신중년층'이 주목받기 시작했다.

지난 1994년과 2011년 사이 60~75세 특성을 비교한 보건사회연구원의 노인실태조사 결과가 눈길을 끈다. '일상생활에 아무런 문제 없이 건강한 상태를 유지하고 있다'는 비율이 이 기간 동안 49.7%에서 85.1%로 높아졌다. 문맹률은 36.7%에서 10.9%로 낮아졌고, 예금과 주식 등 금융자산 소득을 갖고 있는 사람은 10.5%에서 36.5%로 크게 증가했다.

기업에서도 지난 10월 현재 716개 상장사 CEO 가운데 신중년층 비중이 432개사로 전체의 43.1%를 차지했다. 지난 6월 기준으로 전체 예금의 34.8%를 차지하고, 지난해 통계청 조사 가계 순자산도 29.1%로 40대 연령층을 넘어섰다. 육체적 건강은 물론 지력(知力)과 재력(財力)면에서 과거와는 몰라보게 향상된 것이다.

이제 나이는 더 이상 은퇴의 기준이 되지 못한다. 건강한 삶을 통해 개인의 행복과 사회발전에 기여하는 새로운 문화가 형성돼 가고 있다.

2013년 12월 3일 - **독서신문 1558호**

'중산층' 행복의 조건

지난 2012년 가을 나라별로 중산층 기준을 따지는 '중산층 별곡'이 온라인과 소셜네트워크에서 반향을 일으켰다. 한국의 중산층 기준에 대한 직장인 설문조사 결과가 대선 분위기를 타고 이야깃거리가 됐다. '부채 없는 30평대 아파트, 월급 500만원 이상, 2000cc급 중형차, 예금잔고 1억원 이상, 해외여행 1년에 한두 차례.'

정부가 이달 말 발표할 '경제혁신 3개년 계획'에서 다차원적인 중산층 개념을 제시키로 했다. 이는 통계와 현실 간 괴리가 존재하는 현행 중산층 기준을 보완하는 것이 '중산층 70% 복원' 대책의 첫걸음이라는 판단에서다. 정부는 그동안 중산층의 정의가 명확하지 않다는 점을 십분 활용했다. 정책효과를 설명하면서 입맛에 맞는 기준을 사용한 것이다. 하지만 중산층의 기준이 오락가락하면서 국민들이 체감하는 수준과는 거리가 멀어져 정책효과도 반감됐다.

선진국의 중산층 기준은 소득과 재산에만 의존하지 않고 교양과 사회적 책임의식을 중시하는 편이다. 노동시간이 많은 우리나라와

달리 법에 보장된 휴가를 모두 쓰는 여유도 만족도를 높인다.

그렇다면 중산층의 행복 조건은 무엇일까? 돈도 명예도 학벌도 아닌 '성숙한 인간관계'다. '자유로운 계층 상승'이 전제조건이다. 박근혜 대통령도 '개천에서 용 나는 사회'를 언급했다. "제도적 장벽을 해소하고 창의성이 발휘되는 환경을 조성해 개천의 용을 키워내는 게 창조경제의 전략"이라 했다.

'개천에서 용이 나기 위해서는' 교육격차 완화가 무엇보다 중요하다. 부모들의 사회 · 경제적 배경 때문에 어릴 때부터 교육격차로 상 · 중 · 하 계층이 고착화되는 경향이 나타나고 있다. 중장기적으로 중산층을 두텁게 하기 위해서는 공교육 정상화, 저소득층 보육서비스 확대 등이 강화돼야 한다.

2014년 2월 10일 - **독서신문 1561호**

교육감 선거 개선해야

6 · 4지방선거와 함께 앞으로 4년간 지방의 자치교육을 이끌어갈 수장을 뽑는 일도 마무리됐다. 그런데 선거의 후유증이 만만치 않다. 직선제가 부른 폐해다.

교육감 직선제는 '정치로부터의 중립'과 '자율성 제고'를 취지로 도입됐다.

그런데 도입 취지와는 달리 진보와 보수의 대결구도로 전개되면서 정치권보다 더 정치적으로 돌변했다. 그러면서도 정당공천 과정이 이뤄지지 않아 후보가 난립하고 이 때문에 선거전은 네거티브 · 흑색선전이 난무하는 난장판이 됐다.

최근 여당이 교육감 선거제도 개선 태스크포스를 발족하기로 하고, 대통령 직속 지방자치발전위원회는 교육감 직선제 폐지를 골자로 하는 '지방자치와 교육자치 연계 · 통합계획'을 마련하고 있는 것으로 알려졌다.

진보 성향 교육감이 대거 당선되자 부랴부랴 대책 마련에 나선

정부 · 여당의 움직임은 모양이 사납다. 그러나 이와 별개로 교육감 선거는 반드시 개선돼야 한다.

개인비용으로 선거를 치른 뒤 일정 지지율을 얻은 후보에게만 비용을 산정해주다보니 정치적 중립성 확보는 커녕 제대로 된 식견과 함량을 갖춘 순수한 교육행정 전문가의 진입을 가로막고 있다.

선거 과정에서 각종 비리에 연루되거나 교원단체별 성향에 따른 교사 선거 개입, 금품 수수, 단일화를 위한 뒷거래, 선거 후 보은 인사 등의 문제가 발생할 수 밖에 없는 구조다.

국가의 백년대계인 교육을 바로 세우기 위해서는 도입의 목적과 취지가 바래지고 부작용만 키우는 현행 교육감 직선제를 전면 재검토해야 한다.

선거 완전공영제 도입, 선거운동방법의 개선, 교육감 후보자 추천요건 강화 등이 절실하다. 필요하다면 예전의 간선제나 지방자치단체장과의 러닝메이트제, 나아가 임명제 등도 다시 한 번 살펴봐야 한다.

2014년 6월 16일 - 독서신문 1567호

'교육자치' 구현의 길

교육자치제는 교육의 자주성, 전문성과 지방교육의 특수성을 살리기 위한 제도이다. 교육자치는 보통 지방분권의 원리, 주민통제의 원리, 분리 · 독립의 원리, 전문적 관리의 원리에 따라 시행되는 것으로 이해되고 있다. 교육자치를 시행하려면 중앙정부의 획일적인 지시와 통제에서 벗어나 지방특성을 고려한 교육정책이 수립돼야 한다.

그런데 교육자치가 본격적으로 시행된 지 사반세기가 됐으나 지방선거 때만 되면 '돈선거', '깜깜이선거' 등을 이유로 교육자치를 흔들려는 담론이 나타나고 있다. 이번엔 교육자치를 일반자치에 통합시키려는 정치권의 논의를 넘어 교육의 권한을 중앙으로 집중하고, 교육자치를 폐기하자는 교원단체까지 등장했다고 한다.

교육정책은 그 내용과 방식에 따라 '수월성'과 '평등성', '효율성'과 '자율다양성'이라는 서로 갈등하는 네 가지 가치의 조합을 추구한다. 모든 교육정책이 '수월성'을 추구한다거나 반대로 '평등성'만 추구해서는 안 된다. 예를 들면 어느 학교 급이고, 어떤 영역의 교육정책인가에 따라서 추구해야 할 가치의 조합이 다 달라야 하며 교육정책 추진 방식도 다를 수밖에 없다. 영재교육 정책을 주로 '평등성'의 잣대로 딴지 걸거나 교육복지정책을 '수월성'을 준거로 비판할 수는 없다. 한마디로 정교한 교육정책과 섬세한 정책추진을 원한다면 분권화가 정답은 아니더라도 가야할 길이다.

교육자치는 완벽한 제도는 아니나, 더 나은 제도를 마련하기 전까지는 가꾸고 키워야 할 제도이다. 교육계도 무턱대고 교육의 특수성만을 내세우는 고집이나, 교육적 논리와 경제적 논리의 대립구도를 벗어던질 필요가 있다. 그동안 교육계가 변화에 저항하기 위해 교육의 특수성을 과대포장했다는 의심에서 벗어나기 위해서도 성장세대가 살아갈 미래사회의 잣대로 몸에 밴 교육관행을 돌아봐야 한다. 정치, 경제, 문화, 사회 일반의 관점을 적극 접목해 버릴 것은 버리고 융합할 것은 융합해야 한다.

2014년 6월 30일 - 독서신문 1568호

'평생교육' 유감(遺憾)

우리나라의 노인 인구는 가파르게 증가하고 있다. 65세 이상 인구 비율은 2010년 11%에서 2026년 20%에 달할 전망이다. 평균수명이 늘어날수록 노인복지 문제가 우리 사회의 위협요인이 되고 있다.

정년은 짧아진 반면 평균 수명은 늘어나면서 은퇴 이후 '제2의 인생'을 준비하려는 이들이 늘고 있다. 그러나 자격증이나 학위를 받아 새로운 직업을 얻기 위해 평생교육기관을 찾는 사람들이 많지만, 교육이나 학위를 받는데 그치는 경우가 적지 않아 재취업 · 창업 등 '인생 이모작'으로 이어지기는 역부족이다. 교육과정이 부실하게 이뤄지는 곳도 적지 않다. 수업 시간을 마음대로 단축하거나 기준 미달인 강사가 수업을 진행하다 적발되는 경우도 허다하다. 그래서 평생교육진흥원의 역할과 책임이 막중하다.

전문가들은 "교육과 취업이 연계되는 시스템이 마련돼야 한다"고 지적한다. 특히 "평생교육을 통해 개개인의 역량을 개발하기 이전에 노동시장의 구조적 개편이 우선해야 한다"고 강조한다. "재취업을 위해 교육을 받아도 일자리가 없으면 취업을 할 수 없는 만큼 재교육 프로그램 개선과 노동시장의 구조 개혁이 함께 이뤄져야 한다"는 게 공통된 지적이다. 교육 정책과 노동 정책이 함께 이뤄져야 한다는 얘기다.

일본 정부는 '90세 장수시대'를 전제로 고령사회대책을 마련하는 중이다. 그 골자는 '노인의 자립'이다. 고령자에 대해 특별대우 하는 관행으로는 사회가 유지되기 어려우므로 정년연장, 창업지원 등을 통해 자립을 권장한다는 것이다.

노인들은 풍부한 경험 덕분에 지혜와 통찰력을 갖춰 젊은이 못지않게 할 수 있는 일이 많다. 평생교육을 통해 재충전하게 되면 노인들도 자립은 물론 사회공헌활동을 할 수 있다. 노인들이 귀찮은 '뒷방 늙은이'가 아니라 경험이 풍부한 '파워 시니어'로 대접받도록 해야 한다.

2014년 7월 14일 - **독서신문 1569호**

아동학대, 근본대책 세워야

정부 여당이 지난 1월 27일 당정협의를 갖고 어린이집 학대 근절 대책을 내놓았다. 보육교사 자격시험을 국가시험화 하고 보조교사를 배치해 담임교사의 근로 여건을 개선하기로 했다. 아동학대가 처음 발생한 어린이집도 즉시 폐쇄할 수 있도록 하고, 학대 교사는 영구 퇴출하며, CCTV 설치도 의무화한다.

학대를 야기한 어린이집과 교사, 원장은 반드시 퇴출시킨다는 강력한 의지를 보인 것은 긍정적이다. 또 보육교사 국가 자격증제를 도입해 전문지식과 소양을 제대로 갖추도록 한 점도 평가할 만하다.

그러나 큰 틀의 방향만 있을 뿐 세부 계획이 빠져 있거나 추후 검토 사안으로 미뤄둔 대목이 적지 않다. 좀 더 본질적으로 보육 시스템 틀에 손을 대는 방안이 나와야 한다.

더 큰 문제는 아동학대가 어린이집 운영 당사자의 처벌과 시설 강화만으로 해결될 수 없다는 점이다. 근본적으로 보육 담당주체인 교사의 자격 요건 및 직무 교육 강화, 국공립 확대방안 등이 확고해야 가능하다. 당장 수요는 폭발적이나 부모가 원하는 국공립 어린이집 비중은 5.7%에 불과하다. 스웨덴의 80.6%, 덴마크의 70%에 비하면 초라하기 짝이 없다. 향후 3년간 450곳을 늘린다지만 예산 상황을 감안하면 공수표에 그칠 공산이 크다.

그간 숱한 사건사고와 이를 둘러싼 논란을 통해 거듭 확인됐듯이 어린이집 아동학대를 근절하기 위해서는 처벌 강화 등 임시방편이 아니라 보육의 질을 근본적으로 높여야 한다. 그러려면 '미래세대의 보육을 국가가 책임진다'는 확고한 의지가 전제돼야 하고 무엇보다 재정이 뒷받침돼야 한다. 발등의 불끄기에 급급해 종합선물세트 같은 대책을 내놓고 정작 중요한 예산 문제는 "예산당국과 협의해 보겠다"는 식으로 어물쩍 넘겨서는 정부의 정책이 불신을 받을 수밖에 없다. 선별 복지 차원에서 철저히 재검토해 정책의 우선순위를 정하고 확고한 의지로 밀고 나가야 한다.

2015년 1월 30일 - 독서신문 1579호

'융복합 문화콘텐츠'

캐나다의 공연 기업 '태양의 서커스'는 지난 2010년 마이클 잭슨 재단과 손잡고 '이모털(Immortal)'이란 공연을 만들었다. 2009년 6월 세상을 떠난 '팝의 황제' 잭슨이 남긴 음악과 영상, 춤을 소재로 첨단 영상 기술과 와이파이(WiFi) 신호로 조정되는 발광다이오드(LED) 조명 연출, 곡예사들의 아크로바틱 등을 결합했다. 이전에 경험하지 못한 새로운 쇼였다. 이 쇼는 27개국 141개 도시를 돌며 350만여 명의 관객을 동원했다. 역사상 가장 흥행한 공연 9위에 올랐다. 지난해까지 누적 수익은 3억2,500만 달러를 넘어섰다. 첨단 정보통신기술(ICT)을 서커스, 미술, 무용 등과 창조적으로 결합시킨 '융복합 콘텐츠'의 대표적인 성공 사례로 꼽힌다.

정부는 지난 2월 11일 서울 상암동에서 출범식을 갖고 '문화창조융합벨트' 프로젝트의 본격 가동에 들어갔다. 정부와 64개 민간기업이 함께 '기획 → 제작 → 구현 → 재투자'로 이어지는 문화융성 선순환 생태계를 구축해 세계 시장에서 통할 수 있는 문화콘텐츠를 만드는 게 프로젝트의 핵심이다.

'문화창조융합벨트' 프로젝트가 실효를 거두려면 정부와 민간이 철저히 한 몸이 돼야 한다. 정부는 문화예술계 종사자들이 창조적 콘텐츠 생산에 전념할 수 있는 토양을 마련해줘야 한다. 이를 상품화하고 판로를 열어가는 건 관련 기업들의 몫이다. 그래야 세계 최고 융복합 문화콘텐츠 사업체로 발돋움한 '태양의 서커스' 같은 기업이 나올 수 있다.

문화는 '정서를 풍요롭게 하고, 삶의 질을 높인다'는 1차적 기능을 넘어 산업의 한 분야가 된지 오래다. 우리의 영화, 음악, 게임 등의 산업적 가능성은 여러 경로를 통해 이미 확인됐다.

비록 '거리의 공연자'였지만 창의성을 높이 사 투자와 지원을 아끼지 않은 캐나다 퀘백 주정부가 아니었다면 오늘날 '태양의 서커스'도 존재하지 않았을 것이다. 문화산업의 중요성을 거듭 일깨워주는 대목이다.

2015년 2월 16일 - 독서신문 1580호

'스마트폰 앱' 대입정책

지난 3월 10일 전국의 대다수 고교생이 전국연합학력평가를 치렀다. 이번 평가에서는 웃지 못 할 광경이 연출됐다. 고교 1 · 2 · 3학년이 저마다 다른 형태의 수능 모의고사 시험지를 놓고 씨름한 것이다. 이 같은 수능의 변화는 '3년 예고제'에 따라 미리 안내되기는 했다. 하지만 잦은 대입제도 변화가 현 고교 재학생에게 한꺼번에 몰리면서 교육 현장에선 혼란스럽다고 토로한다.

이것만으로도 기가 막힐 일이지만 이게 끝이 아니다. 수능은 앞으로 더 큰 변화를 예고하고 있다. 이달에 수능 오류와 난이도 안정화 대책이 나온다. 중장기 수능 제도 개선책도 하반기 발표가 예정돼 있다. 2018년 전면 시행되는 문 · 이과 통합교육 과정에 따라 2021학년도 수능은 다시 대수술이 불가피하다. 학생들을 '실험 대상'으로 여기지 않고서는 도무지 있을 수 없는 일이다. 교사들은 "가르칠 범위와 수준을 종잡을 수 없다"고 하소연하고, 학생과 학부모들은 변화에 빠르게 대응하는 학원에 의존할 수밖에 없다.

우리 교육정책은 졸속으로 수많은 변화를 거듭해왔다. 특히 '교육=대학입시제도'로 바라보는 학생, 학부모, 일선 교육 현장의 시선에선 교육정책이 '널을 뛰었다'고 해도 무방할 정도다. 그도 그럴 것이 대학입시제도는 1945년 해방 이후 지난 70년간 크게 16차례나 바뀌었다. 세부 변경까지 포함하면 40차례 이상 굴곡을 겪었다는 분석도 있다.

잦은 대입제도 개편은 임기 내에 성과를 내려고 하는 정권의 조바심에서 빚어진 측면이 크다. 역대 어느 정부건 입시제도에 눈독을 들였다. '큰 비용이나 노력을 들이지 않고도 사교육비 절감이라는 난제를 해결할 수 있다'는 착각에 빠진 결과가 수십 차례의 대학입시 변경으로 나타났다. 현 정부도 이전 정부가 걸었던 잘못된 길을 그대로 답습하고 있다.

대입제도는 안정성과 예측 가능성이 무엇보다 중요하다. 아무리 좋은 제도라도 매년 바뀌면 효과는 떨어지고 혼란만 커질 뿐이다. "무슨 스마트폰 앱 업데이트하는 것도 아니고…"라며 탄식하는 교육 현장의 목소리를 당국은 뼈아프게 들어야 한다.

2015년 3월 16일 - 독서신문 1581호

대학 평가와 개혁

'인문학 대중화'라는 정부의 정책 이면에는 정작 대학의 인문학은 죽어가는 역설적 상황이 있다. 인문학의 토대가 되는 대학과 학계는 '효율성 강화'라는 핑계로 위축되고 있는 게 현실이다.

각 대학은 지금 '구조조정'에 나서고 있다. 목표인 16만명을 줄이는 노력을 해야, 정부 지원금을 받을 수 있다. 그런데 대학 평가에서 좋은 점수를 받으려면 무엇보다 '취업률'이 좋아야 한다. 하지만 공대나 경영대에 비해 상대적으로 '인문계열 학과'의 취업률이 낮다 보니 결국 '구조조정'의 칼날이 '인문학'으로 향하고 있는 상황이다.

사회문제를 해결하는 데는 한 분야만 동원되지 않는다. 경영학적, 공학적인 소양만으로 해결할 수 없는 문제들이 너무 많다. 지속가능한 사회를 위해 다양한 유전자를 보존할 때다. 따라서 학문적 소양을 쌓는 공간 중 하나인 대학은 학문의 다양성이 보장돼야 할 가장 중요한 장소이다.

최근 교육부가 추진하는 대학평가에서 인문학과 예술 분야에서 취업률을 제외하고 획일적 정량평가보다는 정성평가를 하겠다는 것은 이런 점에서 진일보한 정책방향이다. 다만 정성평가의 구체적 기준과 방향은 사회에 대한 대학의 본질적 기능과 역할에 대한 지속적 성찰과 현재의 역할에 대한 가치중립적 논의에서 나와야 한다. 무엇보다 평가는 각 대학의 상황에 맞게 역량을 강화하고 단계적으로 발전할 수 있게 효과적으로 지원해주는 데 초점을 둬야지, 처벌과 응징을 위한 도구로 사용돼서는 안 된다. 평가를 통해 대학은 자신의 발전단계를 검증받고 부족한 것을 확인하며, 자체적으로 개혁 작업을 펼쳐나가야 한다.

대학의 발전과 개혁의 성패는 속도에 있는 것이 아니라 자발적 합의와 지속적 소통을 통해 담보되는 것이다. 그렇게 되기 위해서는 대학이 정부의 일시적 정책 실험실이 되어서도, 경제 집단의 이익을 대변하는 장소가 되어서도 안 된다.

2015년 3월 30일 - 독서신문 1582호

Z세대에게 6·25를 알려주는 방법

Z세대가 6 · 25를 얼마나 알까. Z세대는 베트남 파병을 제대로 알까. 그들에게 6월이 왜 호국의 달인지 물으면 답하는 애들이 몇이나 될까.

Z세대가 6 · 25를 모르는 걸 그들 탓으로 돌리는 것은 기성세대의 무책임한 짓이다. Z세대에게 '월남에서 돌아온 새카만 김 상사' 얘기를 들려줘야 하는 것도 어른들 몫이다.

대체로 Z세대는 1995년 이후 태어났고 어려서부터 디지털 환경에 노출돼 이른바 '디지털 네이티브'라고 한다. 네이티브 스피커는 많이 들어봤어도 디지털 네이티브는 생소하다. 이들은 IT 선수들이다. TV 대신 유튜브를 보고, 신문 대신 페이스북을 즐긴다.

한 매체가 이들을 상대로 설문조사한 결과 '이것 없이는 못살아' 라는 항목에 50% 정도가 유튜브를 꼽았다. 과거 청소년세대가 'TV 없으면 못살아'라고 했음을 상기하면 이젠 유튜브가 TV 자리를 대체했다는 건 의심의 여지가 없어 보인다.

Z세대와 6 · 25는 거리가 너무 멀다. 시간상으로 이들이 태어나기 45년 전 벌어진 비극을 이들에게 설명하는 건 난감하다. 그 가운데 특히 어른들에게도 잘 알려진 것은 아니지만 6 · 25전쟁에서 빼놓을 수 없는 전투가 '장진호 전투'다. 전쟁 발발해인 1950년 겨울, 미국 1해병사단이 함경남도 개마고원 장진호에서 중공군 7개 사단 12만명에게 포위돼 전멸 위기를 겪다가 겨우 후퇴한 전투다. 영하 41도의 기록적 혹한은 미군 탱크 등의 윤활유를 얼어붙게 했다. 미군은 움직일 수 없었고 후퇴 밖에 방법이 없었다. 죽음의 후퇴였다. 11월26일부터 12월 13일까지 치러진 전투는 미군 전사에 '최악의 고전했던 전투'로 기록돼 있다. 생존자가 몇 안 된다 해 영어로는 생존자들을 가리켜 'The Chosin Few'하고 한다. Chosin은 장진호를 가리키는 일본어다. 당시 미군에겐 한국어 지도가 없었다. 어쨌든 이 전투로 12만명의 중공군 남하를 지연시켰고 이는 흥남철수 작전 성공으로 이어졌다. 피난민 등 20만명이 남쪽으로 철수했으며 중공군은 큰 타격을 입었다. 그래서 성공한 후퇴라는 별칭을 얻었다. 이 피난민 대열에 문재인 대통령의 부모도 있었다. 문 대통령은 나중 부모가 거제에 정착한 후 태어났다.

1964년 한국군의 베트남 파병도 Z세대에게 알려줘야 한다. 하루에도 몇 번씩 사선을 넘나드는 전쟁터, 그러나 누구보다 용맹했던 한국의 젊은이들…. 오직 나라를 위해 베트남으로 떠난 젊은이는 32만명을 헤아린다. 그들은 피를 흘려 한국의 경제성장을 돕는다. 그들의 희생 위에 경부고속도로가 건설됐다는 얘기는 잘 알려져 있다.

작가 이병주가 『산하』 서문에서 '일광에 바래면 역사가 되고 월색에 물들면 신화가 된다'고 했던가. 6 · 25나 베트남 전쟁이나 이제 어른들에게도 아득한 역사가 되고 신화가 되어가고 있다.

Z세대에게 유튜브를 통해, 걸그룹을 통해 6 · 25를 말하게 하고 베트남 파병 역사를 전하게 하자. 박보검이 피난민 사진을 들고 6 · 25를 설명하는 장면을 상상해보자. 걸그룹 트와이스가 고엽제 피해로 고통받는 베트남 참전용사를 위문하는 모습은 또 어떤가. 백마디 말보다, 어떤 어른 소설가의 글보다 효과가 있지 않을까. 후손들에게 물려줄 것이 어찌 이 것뿐이겠냐마는 호국의 6월을 맞아 생각해본다.

2017년 6월 12일 - 독서신문 1625호

글쓰기, 정부가 '교육'에 나서라

글쓰기라뇨? 요즘 누가 글을 씁니까, 하고 반문할지도 모른다. 작가나 기자들이나 쓰는 것쯤으로 치부해서는 안 될 일이다. 직장인들 스트레스 중 하나가 보고서 만드는 일이다. 어떻게 시작해 무슨 말로 결론을 내려야 할지 막막하다는 것이다. 새내기나 중간 관리자나 별반 차이 없다. 이유는 간단하다. 쓰기 훈련이 안 돼 있기 때문이다.

대학을 나오고도 수필 한 편 제대로 못 쓰는 건 부끄러워하지 않는다. 자기소개서 못 쓰는 걸 부끄러워한다. 아니 자기소개서조차 인터넷에 떠다니는 글 보고 짜깁기하기도 하고 요즘은 학원에서 대필도 해준다니, 입사지원 자기소개서가 거기서거기라는 인사 담당자의 말이 과장이 아니다.

글쓰기는 직장에서도 중요하지만 자기 자신의 생각을 알린다는 궁극의 목적을 생각한다면 평생에 걸쳐 '두루 써먹는 기술'이랄 수도 있다. 글쓰기에 소홀하면 결국 자신의 뜻을 전달하기에 실패하고 소통에서도 적잖은 불편을 감내해야 하는 결과를 초래한다.

이런 글쓰기를 정부는 교육적으로 방치하고 있다. 일부 초등학교는 그나마 여러 방식을 통해 독서를 장려하고 독후감 등 글쓰기를 독려하고 있지만 중학교 고등학교로 갈수록 글쓰기는 독서와 함께 멀어진다. 수능시험에 안 나오기 때문이다. 점수와 연결되지 않으니 누구나 거들떠보지 않는다. 수수방관이 이럴 때 쓰는 말이다.

이런 가운데 일본은 2020년부터 대학시험에 논술형 교육과정을 공교육에 도입하기로 했고 대학은 입학시험에 서술(논술)형 문제를 부분 도입한다. 4차 산업혁명 시대를 살아갈 학생들에게 객관식·선택형 시험은 어울리지 않는다고 판단해 이 같은 대변혁의 길로 나섰다. 논술의 뒷받침은 단연 글쓰기다. 생각을 글로 옮기는 능력이 글쓰기요, 제시된 자료를 취합하고 분석하고 종합해 설명하는 능력이 또한 글쓰기다. 일본은 앞서 가고 있다.

우리나라 대입 논술은 지리멸렬이다. 당연히 글쓰기도 길을 잃었다. 자기소개서 한 장 제대로 쓰지 못하는 그 배경에는 지금 같은 수능이 자리하고 있고 논술이 사라진 빈자리는 인터넷 쓰레기 정보와 대필 학원이 메우고 있다. 학생들은 읽고 쓰는 대신 학원을 찾기에 바쁘고 생각하는 힘마저 잃기에 이르렀다. 이들에게 4차 산업혁명은 연목구어다. 지금 어린이 청소년이 더욱 걱정이다. 그러나 논술

시험 부활은 요원하고 당분간 논의조차 할 분위기가 아니다. 그래도 글쓰기는 방치하면 안 된다. 전담 교사는 당연히 없을 테니, 글쓰기 재능기부를 받는다면 아마 줄을 설 것이다. 문인들, 퇴직 선생님들, 거기에 기자들도 한몫 거들 수 있다. 글쓰기 교육은 정부 의지에 달려있다. '생각'이 없고 '소통'이 부족한 현실을 직시한다면 글쓰기 교육 목적은 명확하다.

들은 얘기 한 토막. 오래전 후배가 초등학교를 방문, 신문 만드는 법 등을 설명할 기회가 있었다. 그 후배는 아이들에게 우선 신문 사설을 베껴오라고 숙제를 내자, 아이들이 이마를 찌푸리며 이구동성으로 '안 돼요 못 해요'를 외쳤다. 베끼는 것도 힘들다니, 이들에게 글쓰기를 시키는 게 얼마나 어려울까. 노벨문학상을 받은 프랑스 소설가 르 클레지오는 말했다. "아는 것, 사는 것, 글쓰기는 하나다. 그럼으로써 우리는 다른 문화를 이해하고 배타주의 소용돌이에서 벗어날 수 있다"고.

2017년 9월 28일 - **독서신문 1632호**

'남한산성'과 '미스 프레지던트'

영화 남한산성이 인기다. 추석 때부터 관객이 줄을 서고 있다. 김훈의 베스트셀러 소설『남한산성』을 바탕으로 했기에 흥행 요인은 있었지만 정작 관객은 무엇을 보고 무엇을 느끼고 있기에 인기인가. 김훈 작품을 더 읽어봐야겠다는 반응도 있고 이병헌이 나온다면 사극을 더 봐야겠다는 계층도 있는 것 같다.

나도 영화 남한산성을 봤다. "살고 싶다"는 인조(박해일)에 최명길(이병헌)은 "치욕은 견딜 수 있다"하고 "사는 길이 치욕스러운가, 죽는 길이 더 치욕스러운가"라고 김상헌(김윤석)은 말한다. 남한산성에서의 아비규환 같은 47일. 우리는 답할 수 있나. 나는 답할 수 있나. 나는 이병헌인가, 김윤석인가.

나도 소설『남한산성』을 읽었다. 김훈의 문체는 유려하면서도 진중하고 메마르다. 의도적으로 형용사와 부사를 배제한다. 말들은 건조한 사막에 뒹구는 뼈와 같이 살점 하나 붙이지 않은 채 가파른 뜻으로 선다. 그러나 평론가에 따르면 김훈의 문체는 허무를 만날 때 가장 화사해진다. 독서신문(2015.12.9.)은 이를 두고 '김훈, 허무를 싣고 비극으로 가는 울음 깊은 강'이라 했고 뼛속으로 땀이 흐른다고도 했다.

김훈은 영화에서나 소설에서나 누구도 동정하지 않고 변호하지도 않는다. 작가가 옹위하는 것은 바로 허무다. 현실이 갖고 있는 허무다. 김상헌이나 최명길이나 모두 추상에 갇힌 거짓 관념의 포로다. 추상과 거짓 관념에 사로잡힌 그들이 살 길을 낼 수 없는 것은 당연한 일이다.

그러나 공허하다. 척화파 김상헌의 말에도 하늘이 있고 땅이 있다면 주화파 최명길의 말에는 나라가 있고 백성이 있다. 말이 성안에서 들끓는 동안 성 밖은 어땠는가. 그래서 공허하다.

영화 '미스 프레지던트'가 박정희 기일 10월 26일 개봉한다. 박정희 · 육영수 팬들의 일상을 따라가며 박근혜 전 대통령의 몰락 과정을 지켜보는 이들의 모습을 담은 다큐멘터리 영화다. 감독은 작년 여름부터 올해 박근혜 탄핵 직후까지 이들을 따라다니며 카메라에 담았다.

영화 속에는 박사모의 과격한 태극기 집회 장면이 등장하기도 하지만, 주인공들은 과격함과는 거리가 멀다. 감독은 "그저 지난날 배고픔을 해결할 수 있었던 것은 박정희 덕분이라고 감읍하면서 그 딸을 위해 태극기라도 드는 게 사람의 도리를 다하는 것이라고 여기는 사람들이다. '박정희는 잘했고 육영수는 그립다'는 정서를 공유하는 이들이 박근혜 탄핵을 겪으며 혼란스러워하고 무너져 내리는 이야기"라고 소개했다.

김훈이 역사를 관조했듯이 우리도 '남한산성' 영화를 보면서 비로소 과거 역사를 관조하는 한 가지 틀을 배웠다. 결국 살아냈음이다. 그리고 지금까지 살고 있음이다.

'미스 프레지던트'가 박근혜 탄핵을 겪으며 박정희 팬들이 혼란스러워하고 무너져 내리는 이야기라면 '남한산성' 또한 말이 부딪치고 들끓으며 혼란스럽고 명분이 무너져 내리는 이야기라고 말하는 것도 과한 표현은 아닐 것 같다.

무너지는 것은 400년 전이나 최근에나 달라진 것이 없다. 믿음의 상실에서 오는 허무는 작동법이 옛날과 지금이 다를 뿐, 결과는 한 가지다. 그냥 살아가고 살아내는 것이다. 그게 김훈이 말하는 허무이며 역사의 관조다. 냉정한 현실이다.

그리고 '남한산성'부터 지금까지 달라지지 않은 것, 성 안은 왜 그렇게 시끄러운가. 여의도성(城). 국회 말이다. 김상헌은 명분이 있고 최명길은 실리가 있었다면 지금 김상헌을 자처하는 국회의원이 있을까, 최명길을 닮았다는 의원이 있을까.

2017년 10월 19일 - 독서신문 1633호

박종철, 희미한 옛사랑의 그림자

'탁 치니 억 하고 죽었다'는 경찰의 말은 '거짓말 거짓말 거짓말'이라는 제목의 사설을 쓰는 데 좋은 영감을 주었다. 경찰의 이 말은 거짓으로 포장된 폭압의 정권이 진실의 펜 앞에 민낯을 여지없이 드러내는 하나의 신호탄이 되고 말았다. 1987년 새해 벽두를 흔들었던 박종철 군 고문치사 사건 얘기다. 영화 〈1987〉은 이 사건으로 촉발된 1987년을 조망한다. 대한민국 현대사에 1987년을 빼놓고 말할 수 없음은 바로 공권력 폭정의 은폐를 언론이 세상에 처음 드러내 놓았고 수많은 시민과 종교계 재야 등이 한마음으로 이 공권력에 저항해 민주화라는 값진 성과를 얻었기에 가능하다.

문재인 대통령도 영화 〈1987〉을 보면서 눈물을 흘렸다. 영화는 대성공이다. 그런데, 요즘 젊은이들에게 1987년은 어떻게 기억될까. TV 등을 통해 전달되는 80년대는 서울올림픽, 홍콩영화 등 추억의 감성팔이가 아닌가 싶다. 전투경찰의 군화 소리에 아침을 열고 최루탄 가스에 해가 저무는 '공포의 아스팔트'를 요즘 젊은이들에게 설명하는 건 요령부득이다. 하물며 박종철이라는 이름은 낯설다. 당시 민주화운동도 이젠 화석처럼 기억 저편에 묻혀 있는데 박종철이라니. 이한열이라니. 그래도 기억해야 한다. 영화 〈1987〉의 미덕이 여기 있다. 역사는 항상 과거를 찾아 오늘을 비추려 하는데 그런 점에서 이 영화의 역주행은 빛이 난다.

최근 박종철 군 고문치사 사건을 특종 보도한 당시 중앙일보 신성호 기자가 책 『특종 1987』을 냈다. 신성호는 1980년대를 경험하지 못한 청소년 청년들에게 군사독재, 광주민주화운동, 학생운동 탄압, 고문치사, 언론 통제 등을 어떻게 설명해야 할까? 라고 물으며 피 흘리며 쓰러져간 젊은이들의 이야기를 그냥 옛 이야기로 남겨둘 수는 없다고 스스로 답한다. 당시의 얘기를 누군가가 올곧게 들려주어야 한다며, 박종철이라는 젊은이를 기억하자고 했다. 신성호가 말하는 '기억'은 '진실', '정의'라는 말과 같으며 '저항'을 내포한다.

그러나 이 시를 보자. '4 · 19 나던 해 세밑 / (…) / 불도 없는 차가운 방에 앉아 / 하얀 입김 뿜으며 열띤 토론을 벌였다/ (…) 혜화동 로터리에서 대포를 마시며 / 사랑과 아르바이트와 병역 문제 때문에 / 우리는 때묻지 않은 고민을 했고 / 아무도 귀 기울이지 않는 노래를 / 누구도 흉내낼 수 없는 노래를 저마다 목청껏 불렀다 (…)' 시인 김광규는 1982년 시 『희미한 옛사랑의 그림자』에서 1960년대 '때묻지 않은' 대학생을 이렇게 그리면서 그 노래는 '겨울밤 하늘로 올라가 별똥별이 되어 떨어졌다'고 했다. 시는 이어진다. 18년 만에 만난 '우리'는 '혁명이 두려운 기성세대가 되어 넥타이를 매고 다시 모였다 / (…) 처자식들의 안부를 묻고 월급이 얼마인가 서로 물었다 / (…) 모두가 살기 위해 살고 있었다 / 아무도 이젠 노래를 부르지 않았다 / (…) 우리는 짐짓 중년기의 건강을 이야기했고 / 또 한 발짝 깊숙이 늪으로 발을 옮겼다'

80년대 최루탄을 뚫고 때묻지 않은 시위를 벌이던 대학생들, 연신 구호를 외치던 넥타이들은 지금 어디서 무엇을 할까. 문재인 정부 핵심들은 박종철 이한열과 거의 동시대를 호흡한 비슷한 연배다. '때묻지 않은 청춘' 박종철과 이한열 등은 하늘로 올라가 별이 되어 '땅 위의 별이 된 기성세대'인 요즘 실세들을 굽어보고 있을 것이다. 그들이 청와대에 있어도, UAE에 있어도. 또 적폐청산을 하는지, 새로운 적폐를 낳는지.

2018년 1월 22일 - **독서신문 1637호**

4월의 노래

'꽃그늘에 스며든 찬 기운은 기어이 비를 몰고 와 꽃잎 하나 둘 떨어뜨리고 바람마저 거세 가지는 속절없이 웁니다. 땅에 떨어진 꽃잎들은 하늘을 보고, 가지를 붙들고 있는 꽃잎들은 땅을 내려 봅니다. 서로 마주하는 눈길이 애처로워 가지에서 떨어진 빗물은 차라리 봄의 눈물인가 봅니다.'

한 지인이 며칠 전 카톡으로 장문의 글을 보내왔다. 몇 년 전 남편을 잃은 심경을 그대로 보여주는 것 같아 가슴이 아렸다. 땅에 떨어진 꽃잎과 가지에 매달린 꽃잎의 마주 보는 눈길은 부부의 못 다한 인연을 그리고 있어 애달프다.

4월은 날씨가 흉흉하다. 흐리고 바람 불고 때로는 눈비가 섞어치기도 하고 그러다 쨍하곤 한다. 사람들이 하늘의 뜻에 순응하기가 어려운 때다. 그래도 소생의 기운은 어김없이 땅속에서 힘을 키우고 어린 잎 하나 솟구치게 하는 것을 보면 그 뿌리의 강건함은 경이롭다. 봄의 햇살 몇 조각 얻으면 겨울을 버틴 대가를 얻는 것이다. 바람은 시샘이요 빗소리는 봄을 흔들어 깨우는 방울소리다. 그래서 4월은 '잔인한 달'이라고 했나보다.

사실 4월의 특징은 잔인함에 있지 않다. 더욱이 우리 4월은 헌법 전문에도 명시된 4 · 19의 빛나는 저항 정신이 있어 자랑스러운 4월이라고 할 법도 하다. 그 정신은 박종철과 이한열을 낳았고 대통령 탄핵 촛불에 불을 댕겼다. 자유를 향한 의지와 독재에 저항하는 인류 보편의 정신을 기리고 우리를 깨어있게 하려고 4월의 정신을 헌법 전문에도 담은 것 아닌가. 그런데 청와대는 개헌을 시도하면서 헌법 전문에 5 · 18, 부마항쟁, 6 · 10 항쟁 등을 새로 넣으려 하고 있다. 5 · 18 등은 법적 제도적으로 정리됐기에 4.19 연장선상에서 무리가 없다는 게 청와대 측 설명이다.

여기에 최근 제주 4 · 3사건과 관련, 정부 행보가 주목되고 있다. 좌익폭동에 의한 양민 희생이라는 주장이 여전한 가운데 "4 · 3은 교육으로 기억되고 전승돼야 한다(이석문 제주도교육감 독서신문 인터뷰)"라는 것도 중요한 외침이 되고 있다. "이념 충돌로 좌우 양쪽 3만명 희생한 현대사 비극(원희룡 제주도지사)" 발언도 관심의 대상이다. 아직 역사적으로 제도적으로 정리되지 않아 중립적 단어 '사건'을 쓰고 있다. 그런 가운데 문재인 대통령은 유족들에게 미안함을 표해 현 정부의 4 · 3에 대한 인식을 확실히 보여주고 있다. 마치 4 · 3을 4 · 19, 5 · 18,

부마항쟁, 6 · 10 항쟁과 같은 반열에 올리려는 의도는 아닌지 궁금함을 자아내게 한다.

진보를 자처하는 정부가 들어서면서 그동안 오래 우리 사회를 지탱해 온, 지배해왔다고 보이는 가치들의 다양한 변주가 이루어지고 있다. 그러한 변주가, 묻혀있던 진실의 부상에서 비롯된 것인지, 피할 수 없는 진보의 계절풍인지 알 수 없지만 국민 누구나 공감할 수 있는지 여부는 더욱 알 수 없다. 혹여 역사를 너무 가볍게 보는 것은 아닌지, 잣대는 공평한지, 수렴할 의견도 많고 살펴볼 인물도 한둘이 아닌데 하는 걱정만 앞선다.

4 · 19 희생 영령, 천안함 호국 영령, 6 · 25 전쟁 영령 등은 말이 없다. 5 · 18 희생자, 부마항쟁 6 · 10 항쟁 희생자, 4 · 3 희생자 역시 말이 없다. 이들 모두 침묵하는 가운데 우리는 정녕 이들 희생자들을 사랑하고 있는가. 한용운 시인이 '제 곡조를 못 이기는 사랑의 노래는 님의 침묵을 휩싸고 돕니다'라고 했듯이 님들은 침묵하는데 제 멋에 겨운 우리 사랑의 노래는 제 곡조를 못 이기는 것은 아닌가.

2018년 4월 11일 - **독서신문 1640호**

월드컵에서 당신은 무엇을 보았는가

우리는 4년에 한 번 잠깐씩 열병을 앓는다. 월드컵 병이다. 한국 경기가 열리는 날이면 한밤중에도 아파트 창은 모두 환하다. 감탄사와 탄식이 한꺼번에 쏟아지는 국민적 하모니를 연출한다. 더러는 선수를 꾸짖거나 감독을 비난하는 과감한 언사도 퍼붓는다. 여기에 맥주 한잔. 여름밤 90분간 펼쳐지는 풍경이다.

축구는 단일 종목으로는 가장 인기 있는 스포츠다. FIFA 회원국이 유엔 가입국 숫자보다 많다. 그래도 축구에 관한 한 발상지인 유럽이 초강세다. 세계 경제를 이른바 G2라고 하는 미국과 중국이 주도하고 있지만, 축구는 여전히 유럽세가 월등하다. 노벨문학상 심사위원인 유럽의 한 관계자는 미국 관계자가 미국엔 왜 노벨문학상을 주지 않느냐고 묻자 "우리(유럽)가 당신네보다 잘하는 게 문학과 축구밖에 더 있느냐"고 했다 한다. 이쯤 되면 축구는 전쟁이다. 자존심 걸린 '대리전쟁'이다. 골 하나에 국민이 웃고 골 하나에 나라가 운다.

우리는 얼마 전 이런 대리전쟁을 치렀다. 2018년 6월 27일에서

28일로 넘어가는 야심한 시각, 우레와 같은 첫 골이 터졌고 천둥과 같은 추가 골이 폭죽처럼 울렸다. 세계 1위 독일을 2대0으로 물리친 것. 외국 매체는 월드컵 역사상 대이변 2위로 선정했다. 우리는 앞선 두 경기에 실망했기에 독일과의 일전은 한 골이라도 넣을 수 있나가 차라리 관심사였다. 손흥민이 넣을까 아니면 누가 득점할까 하는 정도가 관심이라면 관심이었다.

독일전에 나선 11인 용사들은 어제 그제와 딴판이었다. 악착같은 근성으로 볼을 따라다녔고 투지는 넘쳐 그라운드를 땀으로 적셨다. 앞선 두 경기를 속죄(?)라도 하듯 선수들은 달리고 달려 발목이 시큰거렸고 장딴지는 옥죄어 왔어도 포기하지 않았다. 턱까지 차오르는 날숨 들숨은 독일 선수들에겐 무언의 압박이 됐고 공을 쫓는 눈초리는 호랑이 눈처럼 형형했다. 그 에너지가 종료 직전 한꺼번에 터졌다. 드디어 터졌다. 11인의 엔진 코리아호(號)가 자동차 종주국 독일을 앞서며 날카로운 굉음을 내며 달렸다.

이튿날 일본의 조별리그 마지막 경기가 없었더라면 우리의 독일전 승부는 멋진 일이었을지언정 아름답지는 않았을지도 모른다. 일본은 폴란드에 지고 있으면서도 볼을 돌리며 결국 16강에 올랐다. 세네갈과 동률을 이루었지만 페어플레이 점수에서 앞서 조별리그를 통과했다. 세계 여러 언론과 팬들이 일본의 '전술'을 비난했다. 결코 페어플레이가 아님을 지적하며 '그렇게' 16강 올라가서 어떻게 되나 보자라는 식으로 비아냥대기도 했다.

일본은 완벽주의다. 차근차근 하나하나 단계를 밟지 않고서는 불안해하는 민족이다. 또 목적 달성을 위해 몸을 낮출 줄도 안다. 절대로 큰소리치지 않으며 실속을 찾는다. 이런 것을 무서움이라고도 한다. 그러나 강(强)에 맞서는 강(强)을 찾을 수 없다. 당연히 폭발력이 없다. 통쾌함이 없다. 결코 이변의 주인공이 될 수 없다.

우리 11인 용사가 자랑스럽고 우리 한국인이 어깨를 확 펴는 쾌감이 있었기에 양국을 축구로 비교하는 게 천박한 국수주의라는 비판을 받아도 부끄럽지 않다. 무엇보다 우리의 에너지를 확인할 수 있었기에 기쁘다. 독일에 2대0 승, 모처럼 시원했다. 맥주 캔은 어느덧 비워졌다.

2018년 7월 11일 - 독서신문 1643호

공생 상생 그리고 기생충

영화 '기생충'이 화제다. 칸 영화제 대상 격인 황금종려상을 받아 더욱 관객을 끌어모으고 있다. 웃기지만 서글픈 백수가족, 있는 자와 없는 자의 절묘한 대비, 반전을 거듭하는 중후반부, 그리고 감독 특유의 코믹과 서스펜스가 가히 '예술'이다.

주인공 송강호 식구 넷은 박 사장 집에 줄줄이 일자리를 얻는다. 범죄에 가까운 네 식구의 척척 잘 짜진 공모에는 능숙한 거짓말과 잘 훈련된 언변 등이 동원된다. 이들은 계획 없이 살아가는 반지하 인생의 하층민이다. 그러나 박 사장 저택 지하에는 또 다른 하층민이….

주인공 기택(송강호) 식구는 박 사장의 기생충이라는 설정이다. 박 사장 집 지하 식구 또한 기생충이다. 대척점에 있는 극빈과 극부의 극적인 만남을 통해 한국사회의 민낯을 고스란히 드러내는 데 성공했다는 평이다. 그러면서 빈부문제를 사회 이슈화하기는커녕 코믹하게 처리하는가 하면 부자에 기생해 살아가는 빈자의 오를 수 없는 한계를 보여주기까지 한다. 부자가 벌을 받든가 암에 걸리든가 해 상대적 저열한 쾌감을 빈자에게 선사하는 '미덕'은 찾을 수 없다.

영화는 '기생'의 의미를 되새기게 했다. 인간은 사회적 동물이라는 말은 기본적으로 관계성을 전제하고 있다. 그 관계성에는 좋고 나쁨이 공존하고 있다. 공생이 좋은 의미의 본보기요 기생이 나쁜 본보기가 될 것이다. 이 경우 기생 '충'이 아닌 기생 '인'이 된다.

영화 얘기를 현실에 옮겨보자. 사람이 살면서 늘 공생과 상생의 꽃길만 걸을 수는 없다. 사람은 누구나 기생 '인'이 될 수 있음을 이 영화는 역설적으로 말하고 있다는 게 내 생각이다. 정치인이 국민과 공생만 한다고 말할 수 있을까. 어느 측면에선 여론에 기생한다고 말할 수 있다. 국회의원이 지역 유권자와 한마음으로 같은 길을 걷는다고 누가 생각할까. 당리당략만 내세우는 게 바로 당에 '기생'한다는 증거다. 노조가 진정 노조원의 이익만을 대변한다고 할 수 있나. 어떤 세력에 휘둘리기 일쑤인 것을 보면 노조 집행부는 그 세력에 '기생'하고 있다고 해도 과언이 아니다.

요즘은 가족 관계에서도 기생이 있다. 다 큰 자녀가 직장도 구하지 못하고 결혼도 안 하고(못하고) 부모 신세 지는 게 바로 이런 경우다. 좋게 말해 캥거루족이다. 자립이라는 냉정한 잣대를 댄다면 그렇다는 말이다. 젊은이들은 이 반대 경우를 들어 늙은 부모가 '기생'

한다고 해도 할 말이 없겠다.

언론은 어떤가. 팩트에 기생하고 특종 기생충이라면 더할 나위 없는 기쁨이겠지만 시류에 기생하고 광고 기생충이라는 오명을 듣는 일도 있으니 낯이 뜨겁다.

6월 호국의 달. 죽음으로 이 땅을 지킨 수많은 용사들에게 우리는 빚을 지고 있다. 지금 우리는 무명용사의 '기생충'으로 살아가고 있음을 잊으면 안 된다.

2019년 6월 12일 - **독서신문 1654호**

Reading Publishing

04

04

독서 출판

고전과 독서교육

그동안 홀대를 받아왔던 고전문학(古典文學)이 최근 각광을 받고 있습니다. 인류가 남긴 위대한 자산인 고전은 한 시대를 살아간 우리 선조들의 모습이기도 합니다. 고전(古典)이 중요한 이유는 그것이 우리의 삶을 더욱 풍요롭게 할 수 있고 과거와 미래를 연결해주는 통로가 될 수 있기 때문입니다.

선인들이 남긴 위대한 유산인 고전의 중요성은 그래서 아무리 강조해도 지나치지가 않습니다. 하지만 언제부터인가 우리는 고전을 잊고 살아갔습니다. 아니! 잊으려고 노력한 것인지도 모릅니다. 지나간 세대의 유산을 과거의 산물로 치부하고 미래에는 아무런 가치가 없는 그런 유산으로 홀대해왔습니다.

하지만 최근에 고전문학이 각광받고 있다는 반가운 소식입니다. 그 이유는 경제난으로 인해 어려워진 삶속에서 자신을 고찰하고 되돌아보기 위한, 마음의 안식을 얻기 위한 방법의 일환이라는 분석이 유력합니다. 그렇습니다. 고전은 바로 우리에게 지적인 충전소 역할도 하지만 심신수양에도 나름대로 도움을 줍니다.

천민자본주의에 의한 개인주의가 판치고 침체된 경제사정으로 인해 빳빳한 하루하루가 고단할 수밖에 없는 지금, 실업자는 넘쳐나고 취업의 문은 좁기만 한 오늘의 현실은 분명 우리에게 크나큰 고통으로 와닿고 있습니다. 이러한 상황이다 보니 전인교육의 중요성이 더욱 절실히 느껴집니다.

황금만능주의 사회와 계급화 서열화된 사회구조에서 공공선을 추구하라고 외쳐도 그것은 공허한 메아리로 돌아올 뿐입니다. 전인교육은 바로 이러한 사회구조를 변화시킬 수 있는 핵심적인 키워드임에도 우리는 아직도 서열화된 교육, 학력지상주의에 매몰되어 학생들을 공부로, 공부로 몰아가고 있습니다.

최근 모 대학교에서 한의대 학생을 대상으로 추천 고전 20권을 의무적으로 읽도록 하는 독서지도 프로그램을 도입했다고 합니다. 좋은 한의가 되려면 우주와 자연과 사람에 대한 깊고 폭 넓은 이해를 해야 하는데 그러기 위해서는 고전만 한 것이 없기 때문이라는 것입니다. 정신수양과 인격함양에 고전의 중요성을 강조한 것이지요.

특히 제대로 읽지 않거나 독후감을 부실하게 작성할 경우 예과에서 본과 진학에 제한을 받게 되고 반대로 독서실적이 좋거나 우수한 독후감을 제출한 학생에 대해서는 장학금을 지급하는 등의 혜택을 주는 등 상벌 규정까지 정했다고 합니다.

고전을 읽는 것을 학사과정에 까지 포함시켜야하는 현실이 안타깝기도 하지만 그럴 수밖에 없는 상황이 나름대로 이해도 갑니다. 이런 상황이 될 수밖에 없는 현실은 바로 전인교육보다는 진학을 목표로 한 수업방식에 그 원인을 찾을 수 있습니다. 각박해지는 세상, 이제는 인간과 자연과 우주의 진리를 깨닫고 공공선을 추구할 수 있는 그런 교육이 필요할 때입니다.

2009년 3월 22일 - 독서신문 1460호

신문읽기 활성화를 위한 제언

최근 국회에서 '청소년 신문읽기' 제도화 방안이 추진되고 있어 관심을 끌고 있습니다. 기실 최근 청소년들은 학교에서의 과제물을 제외하고는 자신들이 관심 있는 것이나 인터넷 등에 매진할 뿐 신문읽기에 소홀한 것이 사실입니다. 이 같은 세태적 흐름은 청소년들의 사고력과 판단력에 영향을 줄 수 있습니다.

물론 인터넷이나 영상매체가 청소년에게 반드시 악영향만 끼치는 것은 아니지만 지적함양과 교양습득에 있어 독서나 신문읽기를 따라올 수 없습니다. 전자가 선정적이고 흥미위주라면 후자는 정서적이고 교양위주이기 때문입니다. 청소년들이 독서나 신문읽기를 소홀히 하는 것은 바로 이러한 이유 때문입니다.

정부나 국회에서 청소년들에게 신문읽기를 제도화 한다는 것은 그 방법론을 떠나 충분히 수긍이 가는 방안입니다. 이미 프랑스의 경우 만18세가 되면 1년간 신문 무료 구독권을 주고 있으며 일본의 경우에도 '문자 · 활자진흥법'에 따라 신문 읽기를 장려하고 있습니다.

하지만 우려스러운 점도 있습니다. 이번 신문읽기 제도화방안을 통해 몇몇 유력일간지들의 시장과점화 현상이 더욱 강화될 수 있다는 점이 그 첫 번째입니다. 물론 법안에는 지역신문을 포함시키도록 하고 있지만 이는 다른 한편으로 지역신문 살리기 아니냐는 오해의 소지를 나을 수 있습니다.

이와 함께 학교가 이념논쟁의 장이 될 개연성도 충분히 예상되고 있습니다. 현재 한국의 언론매체는 보수에서 진보까지 그 스펙트럼이 매우 다양합니다. 아직까지는 편협한 사고보다는 여러 사상과 사고를 통해 세상을 보는 눈을 넓혀야 할 청소년들이 너무 일찍 이념적사고의 틀에 얽매이게 될 개연성이 높다는 점입니다.

또한 만만치 않은 판매부수 확보를 위해 각 언론사간 치열한 경쟁이 자칫 흥미위주의 기사의 양산으로 이어질 수 있다는 점도 우려되는 부분입니다. 이번 방안에 전문신문에 대한 배려가 전혀 없다는 점도 아쉬움으로 남습니다.

전문신문은 말 그대로 특수한 계층을 대상으로 한 신문입니다. 즉 청소년이나 학교교육 등을 위한 신문들에 대한 배려가 전혀 없다는 것입니다. 전문신문은 환경상 일간신문이 미처 다루지 못한 부분을 다룹니다. 특히 일간신문이 사건과 사실을 강조한다면 전문신문은 그 과정을 다룹니다.

교양과 지식함양을 위한 기사와 뉴스를 다루는 전문신문들에 대한 배려 없이 일간신문만을 통한 신문읽기 활성화는 여러 가지 오해를 나을 수 있으며 균형적인 신문업계 발전에도 도움이 되지 않을 여지가 많습니다.

2009년 4월 12일 - 독서신문 1461호

예술지원정책 개편

최근 문화체육관광부와 한국문화예술위원회가 공동으로 기자회견을 갖고 2010년도 예술지원 정책 개편방향을 발표했습니다.

이번에 발표된 정책에 대해 문체부측은 선택과 집중, 간접지원, 사후지원, 생활 속의 예술 향유환경 조성 등 이명박 정부의 4대 예술지원원칙을 바탕으로 하고 있다고 밝히고 있습니다.

그러나 일각에서는 사후지원 프로그램에 대해 우려의 목소리를 내고 있습니다. 사후지원 프로그램은 전문가 및 관객들로부터 우수한 평가를 받은 작품을 집중 지원하는 것을 말합니다.

하지만 연극이나 무용, 전통예술 등의 공연예술의 경우 아직까지 열악한 환경 때문에 공연비용 마련에 어려움을 겪고 있는 현실을 감안하면 현실성이 떨어진다는 지적입니다. 돈이 없어 공연을 못하고 있는데 사후에 지원한들 무슨 소용이 있느냐는 것이죠.

문학의 경우에도 문제입니다. 작가의 역량을 평가한 후 사후에 지원하겠다는 것인데 작가의 역량을 평가하는 기준이 무엇인지 명확한 규정이 있어야 합니다.

이와 함께 한국 문학의 현실상 판매부수를 통한 경우나 작가의 인지도 등에 좌우될 소지가 높아 신진 문인들에 대한 지원이 그만큼 줄어들 수 있다는 우려가 들립니다.

물론 이러한 문제점을 타개하기 위해 예술지원 전문심의관제 도입을 추진할 계획이라고 하지만 이 제도 역시 도입에 따른 불필요한 논란을 야기할 수 있습니다.

이러한 세간의 오해와 우려를 불식시키기 위해서는 공평무사하게 일을 추진해야 할 것입니다. 아무쪼록 좋은 취지의 정책이 제대로 추진될 수 있기를 기원해 봅니다.

2009년 6월 21일 - 독서신문 1465호

북캉스와 바캉스

최근 직장인과 학생들 사이에서 예년에는 볼 수 없었던 여름휴가에 대한 신조어로 '북캉스'라는 단어가 등장해 관심을 끌고 있습니다. '북캉스'는 지난해부터 이어지고 있는 소비 침체와 고유가 영향으로 '알뜰 휴가족'이 늘면서, 여름휴가 동안 평소 바쁜 일상으로 미뤘던 독서를 즐기려는 경향을 대변하는 것이 아닌가 합니다.

이 같은 '북캉스' 열풍에 힘입어 서적택배 수요도 크게 증가하고 도서매출도 소폭이나마 증가하는 등 관련업계에도 긍정적인 영향을 미치고 있는 것으로 전해져 모처럼 고무적인 현상으로 받아들여지고 있습니다. 여름휴가 기간 동안 집에서 독서를 즐기는 경우를 소극적인 북캉스라고 한다면 가까운 휴양지나 도서관 등을 찾아 독서에 열중하는 적극적인 북캉스족도 볼 수 있습니다.

특히 올해는 이 같은 '북캉스' 열풍을 반영하듯 각종 단체나 관련기관에서 '북캉스 캠프'를 마련하고 북캉스족들에게 볼거리와 즐길거리를 제공하는 등 북캉스 열풍에 일조하고 있습니다. 하지만 이 같은 북캉스 열풍을 이어갈 정책적 지원과 관련시설의 확보 및 프로그램의 개발이 뒤따라야 합니다.

단순히 휴가 때 독서를 즐기는 것에 머무르지 않고 북캉스가 새로운 문화콘텐츠로 자리 잡아야 하는 것입니다. 이미 문체부 등 관계기관에서도 이 같은 북캉스 열풍을 지속적으로 이어갈 수 있게끔 정책과 지원책마련에 고심하고 있는 것으로 알려졌습니다.

연 초에 불기 시작한 인문학열풍에 이어 한여름 시장을 강타한 북캉스 열풍이 계속되기를 희망해 봅니다.

2009년 7월 26일 - 독서신문 1467호

상생의 논리

우리는 지금 경쟁의 시대에 살고 있습니다. 경쟁의 시대에는 각박한 현실을 반영하듯 살아남기 위한 상호 간 처절한 투쟁이 벌어집니다. 따라서 경쟁이 치열해지면 질수록 온갖 불법과 탈법이 난무하게 됩니다. 생존을 위한 몸부림은 그만큼 처절해지기 때문입니다. 이러다보면 지킬 것 다지키는 사람이 오히려 바보가 되기 일쑤입니다.

정도를 걷는 것이 오히려 이상한 사회. 법과 규범을 지키지 않는 것이 통용되는 사회. 그 사회가 지금의 자화상입니다. 이러한 상황에서는 상대에 대한 배려가 이루어지지 않습니다. 서로 믿을 수 없는 사회. 그러다 보니 유전무죄 무전유죄란 말이 이제는 당연하다는 듯이 회자되고 있습니다.

최근에 발생한 출판사들의 재고, 반품 참고서를 새것으로 속여 판매한 것은 경쟁시대에 이윤의 극대화를 추구하는 기업의 입장이라 할지라도 상도의마저 의심케 하는 기업윤리의식 없는 몰상식의 극치를 보여주는 행위입니다.

또 온라인 서점들이 대대적으로 선전하고 있는 학습지 판매의 경우에도 그나마 학습지 판매를 통해 근근이 가게를 끌어가던 영세 동네서점들을 확인 사살하는 경우라 아니할 수 없습니다. 물론 법으로 그것을 규제한 경우도 없고 자유경쟁시대에 불법이 아닌 행위를 놓고 무어라 왈가왈부 할 수는 없습니다.

하지만 출판사에게는 대폭적인 할인을 강요하고 영세 동네서점들을 생존의 위기까지 몰리게 할 수 있는 이러한 판매는 분명 상도의상 올바른 것은 아닙니다. 더욱 안타까운 것은 이러한 상황임에도 아무런 대책마저 내놓지 않는 관계당국의 처사입니다.

상대에 대한 배려와 상생의 근본원리가 사라지면 상대에 대한 불신과 분노만 남을 뿐입니다.

2009년 9월 13일 - **독서신문 1470호**

베스트셀러와 사재기

베스트셀러 순위를 부정적인 방법으로 왜곡하는 행위인 사재기가 끊이지 않고 있습니다. 최근 출판물불법유통신고센터는 지난해 베스트셀러 순위 20위 내에 들었던 '네 개의 통장' '마법의 돈 관리' '아버지의 눈물' '정성' 등을 출간한 해당 출판사 4곳을 책 사재기 혐의로 문화체육관광부에 신고했다고 밝혔습니다.

물론 해당출판사들은 이를 부인하며 법적대응도 불사한다는 방침이지만 사재기 여부는 최종적으로 문체부의 판단에 의해 결정되는 만큼 향후 추이에 관심이 모아집니다. 어쨌든 사재기를 통한 베스트셀러 조작은 국민을 오도하는 사기행위이며 독자들을 독서로부터 더욱 멀어지게 하는 단초를 제공한다는 점에서 근절되어야 마땅합니다.

신고센터가 밝힌 책 사재기 수법을 살펴보면 인터넷 시대를 반영하여 온라인 판매망을 이용해 이루어지는데 가령 같은 주소지에서 다른 주문자가 동시에 주문을 하는 행위나 동일 구매자가 꾸준히 반복적으로 구매를 하는 행위 등을 통해 이루어지고 있다고 합니다.

베스트셀러의 생명은 공정성입니다. 그 공정성이 훼손되면 독자들의 외면을 받을 수밖에 없습니다. 그럼에도 우리나라 베스트셀러 순위 집계 시스템은 외국과 달리 몇몇 대형 서점에 전적으로 의존할 정도로 허술합니다.

이에 대한 대책으로 최고 300만원의 과태료 부과와 해당 출판사 출간 도서의 3년간 베스트 목록 집계 제외 조치, 내부고발자 신고포상제(책파라치)도 파격적으로 도입하기로 했다하니 기대가 큽니다.

하지만 이 같은 처벌도 중요하지만 근본적인 방안도 마련해야 합니다. 베스트셀러 조사 대상의 확대 및 출판 유통체제의 재검토, 그리고 공모를 의심받고 있는 대형 서점들의 자정노력도 뒤따라야 할 것입니다.

2010년 3월 14일 - 독서신문 1480호

‘북바우처’ 확대해야

며칠 전 전라도 모 대학에 다니는 학생이 대형서점에서 책을 훔치다가 절도범으로 체포된 사건이 있었다. 그런데, 이 청년의 딱한 사연이 알려지면서 또 한번 ‘책도둑’에 대한 설왕설래가 회자됐다.

‘현대판 장발장’의 사연을 가진 책도둑 사건들은 해마다 끊이지 않고 발생하고 있다. 시골 부모님께 손 벌릴 수 없어서 책을 훔치게 된 취업재수생과 고시생, 어려운 가정형편에 학습서와 자습서를 훔치게 된 저소득층 청소년, 오랜 기간 실직 상태로 생활고를 겪다 책 살 형편이 못돼 한 권씩 훔치기 시작한 것이 1년여 동안 162권(225만원 상당)을 훔치게 된 40대 실직자 등 연령과 사정도 각양각색이다.

이번 사건의 주인공 역시 한달 35만원의 최저생계비 지원으로 살아가는 병든 홀어머니와 어려운 환경에서도 열심히 노력하며 생활을 꾸려가는 형을 둔 20세 청년이었다. 형제는 열악한 현실에 굴하지 않기 위해 어릴 때부터 할 수 있는 아르바이트는 모두 했다. 희망을 갖고 견디면 무엇이든 이겨낼 수 있다고 믿었다. 주경야독으로 대학에 진학도 했다. 자기처럼 어렵고, 아니 자기보다 더 어려운 사람들을 위해 봉사하고 싶어 사회복지학과를 선택했다. 하지만 어머니 약값에 자신들의 학비와 생활비를 감당하기에는 언제나 힘겨웠고, 책값으로 쓸 돈은 항상 궁했다.

비싼 전공서적은 엄두를 내지 못했고, 형에게 상의하기도 더욱 미안했다. 고민하던 청년은 우발적으로 전공서적 몇 권을 훔치다가 적발돼 처벌을 받게 됐다. 청년의 형은 동생이 그렇게 된 게 자기가 미력했기 때문이라며 할 수만 있다면 대신 처벌을 받고 싶다며 울먹였다.

최저생계비 지원을 비롯한 다양한 복지혜택이 증가하고 있지만 복지 사각지대에서 범죄자로 전락하는 가슴 아픈 이웃들이 많다. 각종 교육 · 문화 · 복지 바우처들 중에 '북바우처' 역시 최저생계에 준하는 중요한 부분이다. 학습과 교육은 삶의 기초 도구이며 필수조건인 것이다.

2011년 1월 30일 - **독서신문 1504호**

책들에게 희망을

4월 23일은 1995년 유네스코가 정한 '세계 책과 저작권의 날(세계 책의 날)'이다. 책을 사는 사람에게 꽃을 선물하는 스페인 까딸루니아 지방 축제일인 '세인트 조지의 날'과 1616년 셰익스피어와 세르반테스가 동시에 사망한 날이 4월 23일이기 때문에 이 날로 결정됐다고 한다. 우리나라를 비롯해 전 세계 80여개 국가에서 기념하고 있다. 스페인에서는 책과 장미의 축제가 동시에 펼쳐지고, 영국에서는 이 날을 전후해 한 달간 부모들이 취침 전 자녀들에게 20분씩 책을 읽어 주는 '잠자리 독서 캠페인'을 벌이기도 한다.

올해도 도서관 주간(4월 12일~18일)과 책의 날을 맞아 전국 도서관에서 다채로운 행사가 진행되고 있다. 북페스티벌과 퀴즈대회, 문화체험 등 국민들의 참여를 유도하는 프로그램들이 눈에 띈다. 그래도 뭔가 부족하다는 생각이다. 문화체육관광부는 지난해 4월 23일을 '책 드림의 날'로 별도 이름을 지었다. '책의 날' 본래 취지대로 국민들이 더 많은 책을 손에 잡도록 유도한다는 취지였다. 사실 '책을 읽자'고 일방적으로 주장하기보다는 책을 '권하고', '선물하고', '주고받는' 구체적이고 직접적인 행동을 하도록 바꾸는 것이 설득력이 있다. 사랑하는 남녀가 사탕과 초콜릿을 주고받는 '발렌타인데이'나 '화이트데이'처럼, 책의 날도 책을 주고받는 날이 되어야 한다. 직장상사와 부하직원들이, 부모와 자식들이, 사랑하는 연인들이 서로에게 마음을 담은 책을 선물하는 것이다. 책값이 부담된다면 소액의 도서교환권을 줄 수도 있다. 문체부가 개인과 기업의 도서구입비에 대해 세액감면을 추진한다고 하니 그 결과도 기대된다. 출판사와 서점의 노력도 필요하다. 다양한 책 정보 제공은 물론 국민들이 책 선물을 기쁜 마음으로 즐길 수 있도록 마케팅활동에 신경 써야한다. 할인행사에서부터 자그마한 기념품과 편지글을 함께 준다든지, 포장을 예쁘게 한다든지 하는 아이디어도 있을 수 있다. 부디 책들에게 희망을.

2013년 4월 14일 - 독서신문 1546호

도서관의 진짜 싸움은 지금부터다

사필귀정(事必歸正)이다. 국립세종도서관이 결국 국립중앙도서관 분관으로 직영이 확정됐다. 지난주 준공식도 가졌다. 공무원 조직과 정원을 관리하는 안전행정부가 세종도서관을 '법인화 한다', '책임운영기관으로 한다'며 논란을 자초하다 두 달도 채 되지 않아 원래 상태로 돌아섰다.

"처음부터 '국립도서관을 법인화해 민간 위탁을 한다'는 발상이 잘못됐다"는 도서관계의 목소리가 높았다. 외국 사례도 드물거니와 그마저 서비스 향상이나 비용절감 효과가 미미하다는 평가였다. 그럼에도 공무원 정원 등을 거론하며 민간위탁을 추진하자 전 도서관계가 일어난 것이다. 안행부가 대안으로 제시한 '책임운영기관'지정 방침에는 대학교수와 학생들마저 가세해 1인 시위와 집회, 온라인 서명으로 맞섰다.

이번 논란 와중에 도서관계의 열악한 상황이 한꺼번에 드러났다. 전국 공공도서관의 상당수가 민간에 위탁 운영되면서 비정규직 사서들의 신분 불안과 저임금, 낮은 처우 문제 등이 수면 위로 떠올랐다. 사서충원을 호소하는 도서관, 만성적인 도서구입비 부족 상황 등 해결되지 않는 문제들도 한 두 개가 아니다.

3,800여개에 달하는 전국의 '작은 도서관'들은 더 심각하다. 최근 수도권의 한 도시지역은 등록만 해 놓고 제 구실을 못하는 사립 작은도서관 때문에 해당 지자체가 골머리를 앓고 있다는 언론 보도도 있었다. 이곳은 63개의 작은도서관이 있으나 지난해 경기도 평가에서 B · C등급을 받은 곳은 단 8개, 나머지는 모두 D등급 이하를 받았다.

이처럼 도서관의 위기상황이라고 해도 지나치지 않을 현안들이 산적해 있다.

문화융성의 근본이 책과 출판에 있다면 도서관은 그것을 담아내는 그릇과 같다. 거기에는 사람도 있고 교육도 있다. 도서관의 미래는 곧 우리의 미래다. 도서관 진흥을 위한 진짜 싸움은 지금부터다.

2013년 7월 15일 - **독서신문 1551호**

독자생존(讀者生存)

다시 '독서의 계절'이 돌아왔다. 예년에 없던 장기간의 무더위도 이제 한 풀 꺾였다. 아침 저녁 바람도 제법 서늘하다. 지난 여름 무더위에 지친 몸과 영혼을 달래고 더욱 살찌워야 할 때가 됐다.

올해 9월도 전국의 각 자치단체와 학교, 도서관에서 다양한 독서문화 행사가 펼쳐진다. 문체부가 집계한 기관 단체의 프로그램만 해도 6,700여개나 된다. 책 축제와 저자 강연, 토론회, 독후감 대회, 독서기행 등 종류도 많다. 본래 책읽기는 혼자 하는 일이지만 이런 행사를 통해 독서의 관심 범위를 넓힐 수 있고, 타인과 소통의 기회를 갖는 즐거움도 더 있을 것 같다.

독서와 관련된 명언들은 수없이 많다. 독서의 중요성을 설파한 글 중에는 '독서가 정신에 미치는 영향은 운동이 육체에 미치는 영향과 다름이 없다'(T.A. 에디슨), '좋은 책을 읽는 것은 과거의 가장 뛰어난 사람들과 대화를 나누는 것과 같다'(R. 데카르트) 등이 대표적이다. 책 읽는 방법과 효과를 설명한 글도 있다. '어떤 책은 맛보고, 어떤 책은 삼키고, 소수의 어떤 책은 잘 씹어서 소화해야 한다'(F. 베이컨), '가난한 자는 책으로 말미암아 부자가 되고, 부자는 책으로 말미암아 존귀해진다'(고문진보)는 내용도 있다.

정치든 경제든 우리 사회의 성공한 사람들이나 지도자들 역시 분야를 막론하고 대단한 책벌레들이었다. 역대 대통령 중 다수가 당대의 내로라하는 독서가였다.

나이가 적든, 많든, 생활의 방편이든, 심오한 인생의 탐구든 책을 읽지 않고 생각하지 않으면 사람으로서 제대로 살 수 없다. 오직 읽는 자만이 살아남을 수 있다. '독자생존(讀者生存)'의 시대다.

2013년 9월 2일 - **독서신문 1554호**

독서문화 위기와 진흥

앞으로 5년간 전 국민 독서문화진흥을 위한 구체적인 청사진이 밝혀졌다.

문체부는 지난주 내년부터 2018년까지 추진할 '독서문화진흥 기본계획'을 발표했다. 새 정부의 국정지표 중 하나인 '문화융성'을 기반정책으로 한 독서진흥과 인문정신 확산 로드맵이 제시됐다.

이날 계획발표와 함께 드러난 우리 국민의 독서 실태는 매우 걱정스러운 수준이다. 우리 국민의 하루 평균 매체 이용시간은 인터넷이 2.3시간, 스마트폰은 1.6시간임에 비해 독서시간은 평일 26분, 주말 30분에 불과했다. 또한, 성인의 연간 독서율은 20년 전인 1994년 86.8%에서 지난 2011년 66.8%로 그 사이에 무려 20%p나 떨어졌다. 1년 내내 책 한권 읽지 않는 성인이 10명당 1.32명에서 3.32명으로 늘었다는 얘기다. 지난해 가계 월평균 도서구입비는 2003년 대비 28%p 감소한 1만9,026원으로 이중 일반 도서구입비는 7,747원에 머물렀다.

이러한 독서율 하락과 도서구입비 감소로 독서 · 출판 생태계의 위기는 날로 심화되고 있다. 보다 못한 정부가 지난 2012년을 '독서의 해'로 지정해 민간단체들과 여러 행사를 펼쳤지만 효과는 미미했다.

이번 계획에 범정부 차원의 독서진흥정책 추진 요구가 첫 번째로 제시된 것은 그나마 방향을 제대로 잡은 것이라 할 수 있다. 독서문화정착을 위한 종합 조정기구로 '독서문화진흥위원회'를 설치하고, 실질적인 업무 지원을 위한 가칭, 독서문화진흥재단 설립도 계획하고 있다. 가계와 법인의 도서구입비에 대한 세제 감면도 기대된다. 생애주기별 독서활동 지원과 10만 독서동아리 모임계획도 눈에 띈다. 이는 독서운동을 주도하는 민간단체들의 요구와도 일치한다. 실낱같은 기대를 품는 것은 우리 국민 스스로 '독서량이 부족하다'(74.5%)고 느끼고 있다는 점이다. 독서환경 조성여부에 따라 독서진흥의 새로운 계기가 될 수 있다.

2013년 11월 18일 - **독서신문 1557호**

책 안 사는 대한민국

지난해 가구당 월평균 도서구입비가 11년 만에 최저 수준으로 떨어졌다. 경기가 좀처럼 살아나지 않으면서 독서문화마저 퇴보하는 모양새다.

4월 27일 통계청의 가계동향조사 결과를 보면, 지난해 전국 2인 이상 가계가 책을 사는 데 지출한 비용은 월평균 1만8,690원으로 전년(1만9,026원)보다 1.8% 줄었다. 이는 조사 대상이 2003년 전국 가구로 확대된 뒤 최저 수준이다.

가계가 한 달에 구입한 책이 2권이 채 안 되는 셈이다. 대한출판문화협회의 '2013년 출판 통계'에 따르면 지난해 도서의 평균 정가는 1만4,678원이기 때문이다.

도서구입비 지출은 소득이 적은 가계일수록 적었다. 지난해 소득 하위 20%인 1분위 가계는 책을 사는 데 월평균 5,278원을 썼다. 1년 전보다 12.9% 감소했다.

반면 상위 20%에 속한 5분위 가계는 3만1,060원을 지출해 전년

보다 9.0% 늘었다. 자칫 소득격차가 학습격차로, 다시 학습격차가 소득격차로 이어지면서 양극화를 고착화시킬 우려가 엿보이는 대목이다.

도서구입비의 감소는 가계의 주머니 사정, 독서문화의 퇴조 등을 반영한 것으로 보인다. 지난해 가구당 월평균 소득은 전년보다 2.1% 늘어 글로벌 금융위기 때인 2009년(1.2%) 이후 가장 낮은 증가율을 기록했다. 월평균 소비지출 증가율도 0.9%로 2004년 이래 가장 낮았다.

박근혜 정부는 4대 국정지표로 '경제부흥 · 국민행복 · 문화융성 · 평화통일'을 제시했고 실천 키워드로 '창조경제'를 주창하고 있다. 창조경제는 창의력에서 나온다. 그리고 그 창의력의 원천은 바로 독서에 있다.

정부와 출판 관련 기관-단체는 독서문화의 부흥을 위해 모든 지혜를 모아야 한다. 정치권도 현재 국회에 계류 중인 도서 구입에 대한 세제혜택 지원 법률안을 조속히 통과시키는 등 고사 위기에 놓인 출판산업을 살리려는 전방위적인 노력이 시급한 시점이다.

2014년 4월 28일 - **독서신문 1566호**

'광화문 글판'

서울 광화문 네거리 교보생명 빌딩 전면에는 가로 20m, 세로 8m에 이르는 대형글판이 있다. 글판은 삭막한 거리 풍경에 '쉼표' 역할을 해왔다. 언제부턴가 서울시 옛청사도 따라 하기 시작했다.

서울 한복판에서 시민에게 감동과 위로를 안겨줬던 '광화문 글판'이 지난 5월 27일로 25주년을 맞았다. 교보생명은 이날 '그곳에 광화문글판이 있었네'라는 제목으로 25주년 기념 공감콘서트를 열었다.

지난 1991년 1월 등장한 글판의 제안자는 교보생명 창립자인 고(故) 신용호 명예회장이다. 애초엔 '훈화'와 같이 딱딱하기만 했다. 처음 내걸린 글귀는 '우리 모두 함께 뭉쳐 / 경제활력 다시 찾자'였다고 한다. 글판이 부드러워진 건 1998년부터다. 고은 시인의 시구를 딴 '떠나라 낯선 곳으로 / 그대 하루하루의 낡은 반복으로부터'가 그 시초였다.

현재의 글귀인 '꽃 피기 전 봄산처럼 / 꽃 핀 봄산처럼 / 누군가의 가슴 울렁여보았으면'(함민복「마흔 번째 봄」)까지 지난 25년간 글판을 채운

글은 총 72편. 고은 시인이 7편을 올렸는데, 이중 두 편은 글판에 올리기 위한 목적에서 썼다. 정호승, 정현종 시인도 각각 4편과 3편의 글귀를 올렸다.

글귀는 교보 측이 위촉한 문인들로 구성된 문안선정위원회가 뽑는다. 1년에 네 번, 각 계절에 맞춰 시민들의 공모작과 선정위원들의 추천작을 놓고 수차례 토론과 투표를 거쳐 정한다.

글판은 지난 2007년 환경재단이 선정한 '세상을 밝게 만든 100인'에 뽑히기도 했다. 교보생명은 자사 홍보가 아니라 시민과의 공감과 소통 수단으로 글판을 활용했다. 이명천 중앙대 교수는 한 논문에서 '공익적 주제의 옥외광고로 문학 콘텐트를 활용해 차별화된 커뮤니케이션을 했다. 옥외광고에서 유례를 찾아볼 수 없다'고 평가했다.

문화는 공감과 감동을 불러일으킬 때 강한 힘을 발휘한다. '광화문 글판'에는 시를 많이 걸었지만 때로 힙합곡의 일부 가사도 걸었다. 3 · 1절 무렵에 일본의 단시인 하이쿠를 내건 적도 있다. 지난 25년 동안 쉬지 않고 시민의 가슴을 어루만져준 '광화문 글판'에 감사와 경의를 표한다.

2015년 5월 29일 - **독서신문 1584호**

9월14일, 인쇄문화의 날을 아십니까

마이크로소프트 창업주 빌 게이츠는 사라져가는 많은 유산들을 걱정하는 가운데 지구가 멸망할 때까지 살아남을 세 가지를 공장, 택배, 그리고 신문을 꼽았다. 신문사가 신문의 무한성을 강조할 때 흔히 이 예를 들곤 한다. 빌 게이츠는 사람이 살아가려면 누군가가 무엇을 만들어야 하고(공장) 누군가가 물건을 배달해줘야(택배) 한다. 이 같은 관점이라면 신문은 약간 의아하다. 신문은 시대의 기록물이고 역사의 현장을 담기 때문이다. 즉 누군가 기록을 하고 남겨야 한다는 의미다.

뉴욕타임즈 사시(社是)는 '인쇄할 수 있는 모든 것은 뉴스다'이다. 인쇄매체의 의미를 한껏 강조한 자부심의 절창이다. 신문은 인쇄매체의 대표선수다. 신문이 온라인 시대에 밀리면서 그 위상이 예전만 못하다는 말을 듣는다. 인쇄문화의 쇠락하는 소리도 들린다.

인쇄문화는 한국이 종주국임을 자부하고 있다. 그 배경은 금속활자 등 놀라운 유산이 바탕이다. 우리나라는 세계에서 가장 오래된

목판 인쇄물인 '무구정광대다라니경'을 가지고 있다. 세계에서 가장 오래된 금속활자본으로 인정된 '직지심체요절'(1377년)도 있다. 조선시대 계미자, 갑인자 등 금속활자도 있다. 모두 구텐베르크 활자보다 훨씬 앞선 것들이다.

그러나 구텐베르크 활자는 서양문명의 획기적 발전을 이루었다는 평가를 받는다. 지식의 대량 보급과 유통이 가능해지고 성경의 대량 인쇄 등은 결국 르네상스에 결정적 영향을 주었다는 분석이다.

우리의 경우는 어떤가. 금속활자 발명 원조의 자부심은 우리 인쇄문화에 커다란 족적을 남겼지만 구텐베르크에 비견할만한 기념비적인 성과물을 못 낸 것은 선조들 보기에 부끄럽다. 활자가 컴퓨터에 밀리면서 인쇄는 특히 젊은이들에게서 멀어지고 있다.

신문이 아침 배달됐을 때의 인쇄기름 냄새, 바스락거리는 촉감, 지면을 넘기면서 눈에 들어오는 그날의 기록들, 점차 추억이 될 것 같다.

9월 14일이 인쇄문화의 날이다. 올해로 벌써 27회 맞고 있지만 늘 그들만의 잔치가 되고 있다.

청첩장이 날아오는 계절이다. 후배가 아들 청첩장을 쐈다, 카톡으로. "에이 망할 녀석" 허허 웃는다.

2015년 9월 16일 - **독서신문 1589호**

보내는 사람 ; 대구 달서우체국 사서함

여름, 날은 가물고 햇살은 더 뜨거웠다. 노을이 저만치 비켜가고도 더운 김은 확 끼쳐 왔다. 가을, 짧은 해는 단풍 속으로 기어들고 이내 찬바람이 소리를 낸다. 겨울, 하늘과 땅의 경계를 무너뜨리는 눈보라, 돌아갈 수 없는 아득한 길, 눈보라 속에서 몸과 마음이 유영을 한다, 중력마저 잊었다.

보내는 사람이 대구 달서우체국 사서함 몇 호인 독서신문 애독자가 있다. 영어(囹圄)의 몸인 그의 여름, 가을, 겨울을 상상했다. 그에게 봄은 아직 안 왔을 거라는 지레짐작이고 또 정작 그의 봄 느낌을 여기에 옮길 재간도 없다.

그는 편지 속에서 늘 독서신문을 보내 줘 고맙다는 인사를 한다. 그리고 몇 권의 책을 부탁하기도 해 보내주기도 했다.

이름 모를 그를 떠올린다. 글씨로 봐선 아주 배움이 없지는 않은 것 같고, 또 신문과 책을 읽고자 하니 그래도 먹물티는 날 것이다. 푸른 수의에 독서신문을 보고 또 보고, 읽고 또 읽은 흔적이 역력하다. 그러니까 베스트셀러까지 꿰면서 책을 부탁하지 않았나. 한 번은 책을 부탁하기에 출판사 몇 곳에 연락해 보내줄 것을 물었다. 대부분 응했지만(꼬치꼬치 묻는 경우가 많고 흔쾌히 응하는 곳은 없는 편이다) 한 두 곳은 아예 그런 경우로 책 보내는 것은 회사 원칙에 없다고 딱 잘라 거절한다. '그런 경우'가 뭔가. 수감자에게 책 보내는 게 무슨 원칙이 있어야 한다는 말인가. 교도소 등에 책을 보냈다 덴 적이 있다는 말로 들린다. 베스트셀러를 내 돈도 꽤 벌었을 것 같은 출판사가 그렇다. 그들에게 보내는 한 권의 책은 겨울의 훈훈한 정신적 난로가 될 것이다. 국민적 독서운동은 이렇게 쉬운 방법도 있음을 출판사들은 알았으면 한다.

늘 겨울은 긴 것 같다. 없는 이들에게는 더하다. 누구의 시처럼 연탄재 걷어차지 말지어다.

2015년 12월 9일 - 독서신문 1592호

당신의 문학은 안녕하십니까?

수년 후 문학은 어떤 형태를 취하게 될까? 문학은 어떤 형태의 새로운 전달 매체를 사용하게 될까? 미래의 도서관에서는 고속도로에서 말이 끄는 마차를 보는 것만큼이나 종이에 인쇄된 책을 볼 수 없을까?

영국 존 서덜랜드는 저서 『풍성한 삶을 위한 문학의 역사』에서 전자책의 번성을 보면서 이렇게 말했다. 전자책은 욕조에 떨어뜨릴 수는 없어도 많은 일을 할 것이라고. 몇 시간을 끙끙대고 풀어야 하는 숙제를 단숨에 해놓고 노는 천재를 바라보는 심정이 이럴까.

나는 '문학의 미래' 등 담론을 제기할 내공은 없지만 얼마 전 스페인 바르셀로나 풍경을 보면 존 서덜랜드의 심정이 이해된다. 세계모바일콩그레스(WMC)에서 수많은 관계자가 한꺼번에 고글을 쓰고 '가상현실'을 체험하고 있었다. 저 고글이 뭐하는 물건인가 잘 몰랐는데 그날 밤 TV뉴스를 보고 알았다. 어여쁜 여성 앵커가 고글을 쓰자 눈앞에는 롤러코스터가 생생하게 펼쳐지며 정말 롤러코스터를 타는 것처럼 스릴감을 느끼고 있었다. 순간 나는 저 고글과 전자책이 결합한다면? 하는 엉뚱한 상상, 종이로선 상상하기 싫은 상상을 했다.

저 가상현실에 약간의 글(자막 비슷하게)이 들어간다면, 그 땐 저 가상현실이 문학의 지위를 차지할 것 같다는 생각마저 들었다. 그럴 바엔 영화를 보지, 굳이 텍스트를 넣어 불편하게 할 게 뭐 있냐고 반문할지 모른다. 그러나 누가 알랴, 누군가의 상상력이 우리 일상을 뒤집어 놓은 예는 얼마든지 있으니 무슨 일이 언제 어떻게 벌어질지.

찬바람 몰아치는 황무지 하워스 언덕의 『폭풍의 언덕』이나 거센 파도 속 잡은 청새치를 놓고 상어와 사투를 벌이는 『노인과 바다』 등도 해볼 만하지 않을까. 그 현장에서처럼, 그리고 친절한 텍스트가 들어간다면…. 벌써 그림이 그려진다. 그게 문학인지는 전문가에게 맡기고 좀 더 봐야 할 것이다. 그러나, 그래도, 그것이 우리 삶(아이들의 삶까지 포함해서)의 일부가 되어 삶을 풍성하게 만드는 미덕만 유지한다면 문학의 왜곡은 아닐 것이다. 물론 종이에 대한 아쉬움은 남겠지만.

2016년 3월 9일 - 독서신문 1598호

한국시인협회, 온라인 시대 무엇을 길어 올릴 것인가

한국시인협회 사이트 주소를 네이버에서 찾을 수 없다. http://www.koreapoet.org가 나와 있지 않다. 여기저기를 한참이나 뒤져 겨우 이 사이트를 찾았다. 다시 찾으라면 못 찾겠다. 신임 최동호 회장의 기자 간담회 내용이 관심이 있어 찾으려 했던 것이다. 사이트 찾는 수고가 약간 짜증을 불러 왔다면 사이트 내용은 실망을 주었다. 신임 회장의 인사말이 아직 오르지 않은 것은 게으름 탓인지 어떤 문제가 있음인지 잘 모르겠다. 사이트에 들어와서 2014년의 회장 인사말이 그대로 있다면 누구를 탓할까. 그런데 회비 명단은 4월 5일자로 '신속히' 업데이트돼 있다. 회장 인사말보다 회비 명단이 더 급했을 수 있다. 그러나 앞뒤가 바뀐 느낌이다.

'속도와 물질 가치로 혼탁한 이 시대, 시인은 심해 잠수부와 같이 침몰한 세상을 인양하는 존재들입니다.' 이는 전임 문정희 회장 인사말 일부다. 이토록 멋있는 말을 나는 1년 반이나 더 지나 봤다. 신임 최 회장은 선출된 지 불과 일주일밖에 안 돼 인사말 쓸 경황이 없을 수도 있음을 백번 양보해 이해한다.

그러나 이참에 시인들의 온라인 개념을 묻고자 한다. 지금은 온라인 시대, 출판은 전자책 등을 중심으로 환경이 빠르게 변하고 있다. 오프라인 시장은 끔찍하게 황폐화하고 있다는 걱정은 이제 걱정도 아니다. 이런 흐름에 시인들은 제대로 승차하고 있는가.

한 중진 소설가가 지난해 어떤 자리에서 온라인 시대의 글쓰기에 대해 걱정을 쏟아냈다. 특히 핸드폰 한 화면에 기승전결이 일어나는 구조를 어떻게 이해하고 따라갈 것인가. 즉각적인 독자 반응 등 이제는 수신자(독자)가 발신자(작가)를 리드하는 양상이라는 얘기도 했다.

최 회장은 포부가 크다. 다양한 시 읽기 쓰기 캠페인에 남북시인 교류도 염두에 두고 있고 세계시인대회를 열겠다는 꿈도 있다. 큰 꿈에 못지않은 추진력은 늘 지도자에 요구돼 온 덕목이다. 추진력은 중지를 모으되, 온라인 신세를 지라고 감히 조언한다. 문학에 온라인은 주적(主敵)처럼 보이지만 따뜻한 우군도 될 수 있다. 온라인 모바일 시대, 시인들이여 잠수부가 아니라 새처럼, 침몰한 세상이 아닌 화면 속 모바일 세계를, 인양이 아닌 마주보기를 한다면 너무 현실적이라는 말, 문학스럽지 못하다는 말을 들을까.

2016년 4월 6일 - 독서신문 1600호

한강, 'K문학' 물꼬 트다

깊이 잠든 한국을 깨운(한강 수상소감) 낭보였다. 은근한 기대는 있었지만 세계문학에서 변방인 우리가 상을 받을 수 있을까 하는 반신반의가 솔직한 마음이었다. 맨부커상 인터내셔널 부문 수상자로 한국 46세의 소설가 한강이 호명됐을 때 한국문학은 이 세상 모든 빛을 받는 듯 휘황찬란한 순간이었다. 새벽 공기를 가르며 날아온 런던발 기쁜 소식은 출근길 시민들의 화제로 떠올랐다. 이내 한강의 책은 서점에서 날개 돋친 듯 팔려나가고 기어이 동났다.

맨부커상은 영어권 최대의 문학상으로 꼽히며 노벨문학상, 불어권 최고 문학상인 프랑스 콩쿠르상과 더불어 세계 3대 문학상의 하나다. 노벨문학상은 아직 우리를 반겨주지 않아 인연을 맺지 못하고 있고 콩쿠르상은 사실 논외다. 그런 점에서 특히 작가를 보는 노벨문학상에 비해 작품성을 높이 평가하는 맨부커상은 그래서 의미가 더하다. 노벨문학상의 정치성 등 폄하하는 건 아니지만 맨부커상의 돋보이는 특징을 말하는 것이다.

한국 문학은 이제 세계문학에 본격 데뷔했다. 그동안 높게만 느껴왔던 세계문학의 벽을 넘는 사다리를 한강이 만들어 놓았다. 그러나 한강 뒤에는 번역가 데보라 스미스라는 영국 여인이 있음을 분명히 기억해야 한다. 그래서 한강과 번역가 공동수상이다. 상금도 나눈다. 그만큼 맨부커 인터내셔널 부문은 번역의 중요성을 강조한다.

우리 번역수준에 대해 한 작가는 의미 있는 말을 한다. "땅에 닿아서 사라지는 눈이 아니라 쌓이는 눈이 되고 있다"라며 번역 환경이 개선되고 있다고 했다. 한국문학번역원과 편집자들의 노력이 있었을 것이라고 덧붙였다.

번역의 중요성은 노벨문학상 철만 되면 나오는 얘기다. 영어 번역가도 30명 수준이라고 하니 이번에 데보라 스미스를 만난 건 천운이다. 스미스는 영국 출판계에서 한국어가 틈새시장이라 판단하고 21세에 독학으로 한국어를 공부, 7년 만에 채식주의자를 번역했다. 역시 행운이다. 번역가를 발굴하고 지원하는 정책이 이번엔 제대로 나올까. 특정 작가 맞춤형 번역가도 일본이나 중국에는 있다고 한다. 우리도 맞춤형 번역가를 키울 때다. 반짝 관심으로 끝나서는 안 된다. 한강은 도도하게 흘러야 하기 때문이다.

2016년 5월 18일 - 독서신문 1603호

'지대폼장' 지면을 도서 마케팅 하시오

서울국제도서전 막이 올랐다. 올해로 22회째니 어지간히 인이 박인 행사가 됐다. 일반 독자들이야 책 구경하고 유명 작가 강연을 들으니 입장료 5천원이 아깝지 않다. 주최 측에 따르면 작년 관람객이 10만명이라고 한다. 좀 후려쳐도 5만은 넘었을 게다.

그러나 정작 도서전의 주인공은 출판인들이라는 데 이견이 없다. 어느 도서전이건 박람회건 B2B의 중요성은 커지고 그 전시회의 질적 수준을 가늠케 한다. 그런 의미에서 이번 도서전에 거는 기대가 남다르다. 특히 출판문화협회 등이 야심작으로 내세운 '출판콜로키움' 행사는 좋은 구경거리다. 이 행사의 한 연사는 미리 배포된 자료를 통해 출판 콘텐츠 마케팅의 중요성을 강조하면서 특히 콘텐츠 유통 채널의 다양화를 주장했다. 아무리 우수한 콘텐츠라 해도 누군가 봐야 할 것인데, 우리네 출판사들은 홈페이지가 없는 곳이 많다고 한다. 홈페이지 만들 돈이 없다는 말을 하지만, 그러기에 더욱 홈페이지가 필요하다고 말하고 있다.

또 다른 연사는 마케팅을 하면서 책의 존재만 알려왔다고 지적한다. 즉 책 제목, 표지만 반복 노출하는 데서 벗어나지 못하고 있다는 말이다. 반복 노출이 많으면 곧 구매로 이어질 확률이 높을 것이라는 게 상식이지만 소비자는 광고에 피로감을 느끼고 기억조차 못할 수도 있다. 상식의 허를 찌른다.

허를 찌르는 건 또 있다. 사람들이 책을 알게 되는 경로의 40% 정도는 주변 사람들의 추천과 검색이다. 이는 오프라인이나 온라인 서점을 방문해 책을 발견하는 수치보다 높다. 언론 광고를 통한 인지도는 6%가 안됐다.

즉, 책 표지를 보여주고 제목을 떠들어봤자 그 안의 내용을 보여주는 게 훨씬 낫다는 결론이다. 이 연사는 도서 마케팅 4가지를 제안하고 있는데, 그 중 '인용 콘텐츠'가 눈에 띈다. 이는 책 속의 문장을 뽑아 소개하는 방식으로 책의 내용 전달이나 정서에 도움이 될 수 있다고 연사는 말한다. 이는 바로 독서신문의 '지대폼장' 지면을 설명하는 것과 다를 게 없다. '지적 대화를 위한 폼나는 문장'이라는 뜻으로 책 속 재미있는 문장을 소개하는 글이다. 출판사 여러분, '지대폼장'을 도서 마케팅에 적극 활용해보십시오.

2016년 6월 15일 - **독서신문 1604호**

'독서 명석'을 깔자, 군포시를 보라

최근 한 TV프로그램을 통해 통치자의 철학이 후대에 어떤 영향을 주고 어떤 대가를 톡톡히 치르는가를 알게 됐다. 프랑스 태양왕 루이14세는 17세기말 낭트칙령을 폐기하며 기독교인들에 대한 탄압에 나선다. 당시 지식인 계급으로 자산과 기술이 있던 기독교인들은 프랑스를 떠나 영국 네덜란드 독일 등으로 줄잡아 10만명이 넘어간다. 영국에서 이들은 산업혁명의 터를 닦았으며 별볼일 없던 유럽 변방 독일은 제조업 강국의 기초를 다지게 된다.

프랑스는 이후 거의 한 세기에 걸쳐 산업이 퇴보하고 경제가 거의 몰락할 정도의 대가를 치른다. 루이14세는 죽기 전 손자에게 자신의 실수를 되풀이하지 말라고 유언한다.

독일의 예를 잘 봐야 하겠다. 독일은 당시 프랑스 기독교인들에게 주택 지원 일자리 보장 등 파격적 대우를 하며 '영입'하다시피 한다. 독일이 때를 잘 만나기도 했지만 통치자의 혜안은 독일 경제를 100년은 앞당겼다는 후대의 평을 얻는다.

우리도 곳곳에서 이런 크고 작은 예를 보게 된다. 얼마 전 성공적으로 막을 내린 '책나라 군포 독서대전'과 '서울 북 페스티벌'이 그렇다. 특히 면적이 한국 도시 중 세 번째로 작은 군포시의 '책나라' 도전은 지자체 장(長)뿐 아니라 여러 면에서 타산지석으로 삼을 만하다.

군포시 김윤주 시장은 4번째 시장에 선출되는 과정을 통해 그의 '책 읽는 군포' 정책에 대한 유권자 검증을 거쳤다. '책을 읽자'라는 단순 구호에서 나아가 책을 읽도록, 문화를 향유하도록 김 시장은 멍석을 폈다. 이게 다른 지자체와 다르다면 다른 점이다. 나름 고생하면서 여기까지 왔다. 지역 언론과 여러 출판사들이 십시일반 돕는다. 어린 자녀 손을 이끌고 독서체험을 하는 주부를 통해 군포의 현재를 보고 백일장에서 고사리 손으로 시를 짓는 어린아이를 통해 군포의 미래가 읽혀지기도 한다.

김 시장은 정책을 뚝심 있게 끌고 왔다. 이게 또 다른 지자체와 다르다면 다른 점이다. 책이 행복으로 향하는 첩경이라는 소신을 잃지 않고 시민들에게 문화의 자부심을 주고 있다. 엊그제 끝난 독서대전 멍석은 그래서 기억하게 되고 내년 멍석을 또 기대하게 한다. 김 시장은 초등학교를 마치고 돈이 없어 더 이상 학교를 못 갔다. 대신 동네 책방 책은 다 읽었다. 그게 책에 대한 김 시장의 먼 기억이고 살아있는 책의 철학이다.

2016년 9월 7일 - **독서신문 1609호**

책 읽는 대통령을 보고 싶다

"앤드루 카네기는 3천개의 도서관을 지었다. 마크 저커버그(페이스북 CEO), 래리 페이지와 세르게이 브린(구글 공동창업자), 로렌 파월(애플 창업자 스티브 잡스의 미망인)은 3천명의 미국 언론인들에게 풀타임 기금을 내야 한다"

눈에 쏙 들어오는 외신을 접한 게 올 2월이었다. 외신을 좀 더 인용하자. 뉴욕타임스(NYT)는 '페이스북이 언론에 진 빚'이라는 스티븐 월드먼 라이프포스트닷컴 창업자의 기고문을 통해 "만일 이들 테크 기업의 지도자들이 이익의 단 1%에 해당하는 돈을 언론 지원금으로 낸다면 미국 언론은 다음 세기를 위한 변화를 모색할 수도 있을 것"이라고 말했다.

NYT를 비롯한 미국의 전통 미디어들은 스마트폰과 소셜네트워크의 발달로 기업의 광고 지출이 페이스북과 구글로 쏠리면서 자신들의 비즈니스 모델이 붕괴했다면서, 어떤 식으로든 책임을 져야 한다고 주장해 왔다.

우리도 삼성 LG 등이나 SKT, KT 등에 이런 소리를 한번 하고 싶다. "신문 용지값 기금을 만들라"고. 찌질한 농담이지만 우리 미디어산업 형편이 그렇다. 중소 언론일수록 살림살이는 더욱 옹색하다. 대부분 광고수입에 의존하는 한국 언론산업 구조상 대기업들 광고의 온라인 편중화, 즉 종이 이탈화는 바로 언론의 목을 죄기에 충분하다.

독서신문으로서도 책을 읽는 인구가 증가할수록 책이 잘 팔리고 책이 잘 팔리면 출판산업이 살아나고 이러면 우리 독서신문도 형편이 좀 펴지지 않을까 생각한다.

이런 가운데 국회가 차기정부 출판산업 진흥을 위한 토론회를 5일 갖는다. '책 읽는 대통령을 보고 싶다'가 주제다. 일단 현재 대선레이스를 보면 후보자들 모두 책을 가까이 하는 분들이라 책 읽는 대통령을 보고 싶은 소망은 벌써 반은 이루어진 것 같아 반갑다.

문재인 예비후보는 상당한 독서광으로 알려져 있다. 가난한 초등학교 때 3살 위 누나의 교과서까지 읽었고, 중학생 땐 몇 개월 동안 도서관이 끝날 때 의자 정리까지 해주고 나올 정도로 책을 많이 봤다고 한다. 여러 문화계 인사들도 문 대표와 대화를 나누면 그의 상당한 독서량에 놀란다는 말이 있다. 안철수 국민의당 후보도 자신이 남을 배려하는 마음을 배우게 된 게 독서라고 말한다. 술을 멀리하는 안 후보는 젊은이들에게 술 대신 책을 가까이하라고 주문한다.

이들 중 누군가가 청와대에 들어간다면 책 읽는 대통령의 모습을 보이게 되고 독서 붐이 일지 않을까 한다. 출판산업이 부흥한다면 더욱 좋은 일이 되겠고 대한민국이 바야흐로 독서 르네상스에 접어드는 멋진 신세계를 꿈꿔보기도 한다. 국정이 얼마나 바쁜데 한가하게 책이나 읽냐고 한다면 큰 잘못이다. 책 읽는 모습은 국민 모두에 귀감이 되고 어린아이들에게 더 없는 좋은 교육이 될 것이기 때문이다. 책 읽는 대통령, 독서신문 표지가 벌써 그려진다.

2017년 4월 10일 - 독서신문 1621호

대선 후보는 읽었던 책 공개하라, 그의 상상력 세계를 보고 싶다

노벨문학상을 받은 러시아 작가 솔제니친의 소설 『이반데니소비치의 하루』를 젊어서 읽었다. 당시 작은 문고본은 새로운 트렌드였고 들고 다니기도 좋았다. 그 『이반데니소비치의 하루』를 통해 구체제 소련 공산사회의 처참함을 알게 됐고 풍부한 상상력을 발휘하며 수용소 실상에 더 접근할 수 있었다.

이처럼 문학은 인간의 삶과 다양성을 이해하는 매우 귀중한 도구라고 말하는 것조차 식상하고, 더구나 글쓰는 사람이 이런 말 하는 게 민망하다. 여기서 중요한 게 바로 '인간의 삶과 다양성 이해'다. 라이너 마리아 릴케 시처럼 가보지 않은 길, 경험하지 못한 세계를 문학은 보여주고 조망할 수 있게 해준다.

서론이 장황했다. 지난 호에 '책 읽는 대통령을 보고 싶다'는 제목의 칼럼을 냈다. 국회가 마련한 다음 정부에서 추진할 출판진흥정책을 두루 다룬 토론회 제목에서 빌려왔다. 책 읽는 대통령, 책 읽는 관료는 왜 중요한가. 왜 토론회를 할만큼 대통령에게 책이 중요할까.

몇 년 됐지만 대통령 선거철이 되니 떠오르는 책이 있다. 『각하, 문학을 읽으십시오』다. 맨부커상을 받은 캐나다 작가 얀 마텔이 캐나다 스티브 하퍼 총리에게 47개월 동안 101권의 책과 함께 편지를 보냈다. 하퍼 총리가 가장 좋아하는 책이 '기네스 북'이라는 말을 듣고, 그리고 캐나다 예술위원회 50돌 기념행사에서 딴 짓에 몰두하는 것을 보고 결심해 이처럼 책과 편지를 보냈다고 한다. 특히 문학을 읽으라고 강조했다.

한글번역판이 나온 때는 2014년 5월이니, 박근혜 당시 대통령은 청와대 집무실에 있었는지 관저에 있었는지 잘 모르겠으나 어쨌든 박 전 대통령은 책이 나온 것도 잘 몰랐을 것이고 책을 읽었을 리는 만무하다. 지난해 12월 독서신문이 박근혜 대통령이 탄핵으로 관저 칩거에 들어갈 때 관저에서 읽을 만한 책 몇 권을 소개했고 나중 회고록 쓸 때 도움되라고 글쓰기 책도 소개한 적이 있다. 물론 비꼬고 비틀어 만든 기사였다. 책과 먼 거리만큼 국민과 거리가 멀었고 그만큼 국민의 소리는 듣지 못했고 국민이 하루하루 살아가는 소리는 더욱 듣지 못했다.

그래서 대통령에게 책읽기는 귀중하고 국민의 삶과도 밀접하다. 얀 마텔은 말한다. "정치인이라면 우리에게 자신의 이익만을 위해 행동하지 않을 거라는 믿음을 주기 위해 재산상황을 밝히는 것이 원칙이다. 정치인이 가진 상상력이라는 자산도 마찬가지다. 나 자신을 위해서라도 하퍼 총리처럼 나를 지배하는 사람이 어떤 방향으로 무엇을 상상하는지 알아야 한다. 그의 꿈이 자칫하면 나에게 악몽이 될 수 있기 때문이다. 소설과 희곡과 시는 인간과 세계와 삶을 탐구하는 가공할만한 도구이다. 지도자라면 인간과 세계와 삶에 대해 당연히 알아야 한다. 따라서 나는 열렬하게 성공을 바라는 지도자에게 '국민을 효과적으로 이끌고 싶다면 책을 광범위하게 읽으십시오'라고 말해주고 싶다"

대통령이 재산을 공개하듯이 그의 상상력도 공개돼야 한다. 그가 읽은 책 이력을 보여주면 될 것이다. 대선 후보들도 이참에 자신이 읽은 책들을 공개하라. 감명 깊었던 책은 무엇이며 왜 그랬는지. 그의 상상력은 그만의 것이 아니기 때문이다.

2017년 4월 24일 - 독서신문 1622호

국정 100대 과제에 '독서'는 있는가

국정 100대 과제와 국정 5개년 계획이 이달 중순께 발표될 전망이다. 문재인 대통령이 직접 발표하는 방식이 검토된다는 소식이다. 그만큼 국민과 소통하고 싶다는 뜻일 게다. 국민들은 100대 과제를 시시콜콜(?) 다 알려고 하지도 않을 것이지만 크게 봐서 무슨 뜻인가 헤아리려 할 것이다. 일자리 창출 방법은 무엇인가, 부자 증세는 과연 제대로 할 것인가, 검찰 개혁은 어떤 방향으로 흘러가나 등이 주요 관전 포인트다.

일반 서민 편에서 더욱 압축해보자. 그러면 '일자리'만 남을 것 같다. 국정과제치고 서민 생활에 밀접하지 않은 게 없겠지만 당장 보면 그렇다는 것이다. 사실 일자리 창출에 대한 문재인 대통령의 해법엔 여러 지적이 따르고 있다. 경찰 · 소방공무원 증원이 일자리 창출에 기여하는 것은 틀림없지만 공무원 증원 재원은 결국 국민 세금으로 해결해야 하니 세금을 더 거두는 것은 아닌지, 세계적으로 작은 정부를 지향한다는데 우리는 거꾸로 가면서 되레 국민들 허리만 더 휘는 것은 아닌지, 민간기업의 고용창출을 위한 처방은 없는 것인지 등 의문이 고개를 든다. 문재인 대통령의 제1공약이 일자리 창출이니만큼 고용문제는 문재인 정부의 성패를 가늠할 중차대한 문제라 할 것이다.

일자리 창출과 개혁과제에 밀려, 문화관련 과제는 빠지지 않고 반영됐는지 궁금하다. 문화 관련에서도 좁혀 말해 독서, 출판, 도서관 정책 등은 어떤가 하는 게 궁금한데 아무래도 미심쩍다. 지난 정권 얘기를 할 것은 아니지만 문화융성이라는 달콤한 정책은 씁쓸함만 남겼다. 일부 뮤지컬 등 공연 전시 쪽에 치우친, 즉 눈에 보이는 '문화'에만 치중한 예산은 책, 출판 등 종이문화 쇠퇴를 부채질했고 출판계 분노를 사기에 충분했다. 이젠 새 정부이고 새로운 사람들이니 정책도 새 옷을 입을 것이라 기대한다. 그러나 정책은 힘의 논리다. 단순히 명제의 다툼이 아니라, 힘과 돈이 지배하고 있으니 미심쩍다는 말이 나오는 게 무리가 아니다.

그래도 출판계 도서관계 등은 요즘 힘이 날만하다. 서울국제도서전을 성황리에 마쳤고 얼마 전 '대통령의 서재' 행사를 통해 다양한 목소리를 청와대에 전달했다. 도서관 정책을 일관성 있게 추진할 '도서관청'을 세워달라는 호소도 있었고 대통령이 휴가 때 어떤 책을 읽는지 공개하면 출판 붐이 좀 일지 않을까 하는 애교 섞인 바람도 있었다. 출판인들도 도서정가제 완전 정착을 위한 제도적 뒷받침을 원했고 지하철 역사 모퉁이에 빈자리 있으면 작은 책방이라도 내는 방안을 검토해달라는 말도 나왔다. 글쓰기를 강조하면서 교과과정 개편까지 거론하기도 했다.

이런 자리들은 변화를 모색하고 어떤 지향점을 가지고 있기에 과거 정부에선 볼 수 없었던 모습이다. 정부의 변화를 웅변하듯 확실히 보여주는 것인지 아니면 일반인들도 볼 수 있도록 무대를 만들어 '보여주는' 것인지 어떤지 아직 잘 모르겠으나 일단 의구심은 거두려 한다. 문화정책 수장이 바뀌고 블랙리스트 관련자 발본 등을 밝혔으니 믿겠다.

그래도 100대 과제에 독서가 없다면, 출판이 없다면, 도서관이 없다면 많은 문화계 인사들은 실망할 것이다. 100대 과제에 못 들어간다면 '이 정부도 어쩔 수 없구나'하는 체념을 부르고 체념은 다시 정부에 대한 불신과 불만이 되어 부메랑처럼 돌아올 것이다.

어떤 이가 대통령에게 읽을 만한 책을 추천했다. 『새의 감각』으로라는 책이다. 높이 날면 멀리 볼 수 있다. 대통령이 '새의 감각'을 가져야 출판인들, 도서관인들이 '새 되지' 않을 것이다.

2017년 7월 10일 - 독서신문 1627호

“가을엔 시를 쓰겠어요”

“가을엔 편지를 하겠어요 / 누구라도 그대가 되어 받아주세요(…)” 노래로도 잘 알려진 고은 시 「가을편지」다. 가을은 시심에 물들게 한다. 더위에 지친 얼굴에서 시를 구하기는 어렵다. 그래서 벼르던 편지를 쓴 것이다. 아니 고은 시인은 ‘쓴다’가 아니라 ‘하겠다’고 했다. 쓰는 것보다 하는 게 훨씬 적극적으로 보이기는 하다. 편지를 하는 것은 편지를 부치는 게 전제돼야 가능한 말이다. 그러나 고은의 편지는 실제 편지가 아니라 누구를 간절히 그리며 마음을 전하는 말 아닐까?

최근 출판계에 그나마 반가운 소식은 시집 찾는 사람들이 좀 늘었다는 것이다. 통계에 잡힐 만큼 괄목상대할 것은 아니지만 체감은 확실히 달라진 것 같다. 그래서 그런지, 온라인으로 원고를 받아 만드는 시 전문지가 탄생했고, 한 출판사는 예비 출판 편집자 교육생들이 시인 6명과 깊이 있는 대화를 담은 책을 내기도 했다. 시인들의 내밀함까지는 아니더라도 시인의 살냄새를 맡을 수 있어, 시인과 시에 한발 다가간 느낌이다.

그런가하면, 시집은 외교사절로도 걸음이 경쾌하다. 대통령 부인 김정숙 여사는 예술의 전당에서 열린 중국 작가 '치바이스(齊白石) 특별전'을 관람하면서 주한 중국대사 내외에게 윤동주 시집 『하늘과 바람과 별과 시』를 선물했다. 역시 김정숙 여사는 도서출판업계의 호프다. 지난 5월 코엑스에서 열린 서울국제도서전에도 참석해 축사는 물론, 대회장을 돌며 작가를 격려하고 외국관 관계자들과 대화를 나누는 등 열정을 보여 행사는 만점으로 치러졌다. 그래서 김정숙 여사를 '도서출판업계의 호프'라고 부른다. 특히 북간도에서 어린 시절을 보낸 윤동주에겐 중국이 각별하고 중국으로선 윤동주가 또 의미가 있으니 윤동주 시집 선물은 센스 만점이었다. 그리고 올해는 윤동주 탄생 100주년 되는 해 아닌가.

또 읽을수록 가슴이 미어지는 시도 있다. "얼굴 대보며 17년 전 아기였던 너의 냄새 맡는다/ 아기분과 젖 냄새, 분유 냄새 / (…) 다시 입히면 좋으련만 / (…) 사랑해 아가야 (…)" 단원고 2학년 딸을 세월호 사건으로 잃고 피눈물로 시를 쓴 사람은 엄마다. 추천사를 쓴 시인은 "시집에서는 칼로 살점을 도려내고 천천히 뼈를 긁는 소리가 들린다"고 했다.

이런 시를 읽으면 나이 드는 게 서럽지만은 않다. 박남준 시인의

「쉰」이다. “그리움도 오래된 골목 끝 외딴 감나무처럼 낡아질 수 있을까 / 흘러온 길이 끝나는 곳 세상의 모든 바다가 시작되는 그곳 / 밤새 불빛 끄지 않고 뒤척이며 깜박이는 등대 같은 것”(전문) 그렇다. 나이 쉰살은 길이 끝나지만 바다가 열리는 나이이고 등대처럼 불빛이 살아있는 나이다.

가을의 복판을 넘어선 11월은 외롭다는 시인도 있다. 시인 허순행의 시 「11월」을 보자. “외롭다, 라고 말하자 구름이 몰려왔다 / 나뭇가지에 매달렸던 가을이 빨갛게 얼굴을 붉히며 물기를 털어냈다 / 시간이 회색 구름을 꺼내 입었다 / 새벽이면 깊어진 적막이 하얗게 땅을 덮었다” 높게 매달린 하나뿐인 감이 연상되고 땅 위의 서리도 떠오른다.

박남준 시인이나 허순행 시인이나 어려운 말 쓰거나 대단한 수사법을 동원한 건 아니다. 이 정도면 시 쓰는 게 어렵다 할 건 아니다. 만만하다고 하면 시인들에 실례되는 말이겠지만 시 쓰는 게 그렇게 턱이 높은 것은 아니니 한 번 도전해 보자. 이 가을 시 한편, 어떻습니까. 우선 책장에서 시집 한 권 꺼내 먼저 털고 창가에 앉아 읽어보세요.

2017년 8월 31일 - **독서신문 1630호**

『즐거운 사라』여, 마광수를 위해 울어다오

마광수 비보(悲報)는 쓸쓸했다. 더구나 자살이기에 쓸쓸함은 서늘해진 날씨 탓인지 처연했다. 아는 출판사 사장에게 전화했다. 어떻게 된 일이냐, 도대체 이게 무슨 일이냐, 뜻도 없는 질문을 그냥 '투척'했다. 그 사장도 그러게 말입니다를 연신 뱉으며 대책없어 하기는 마찬가지였다. 먹먹한 가운데 우리사회는 아직 과거에 갇혀 있구나 하는 탄식도 나왔다.

그렇게 10여분이 흐르고 독서신문 인터뷰 기사를 뒤졌다. 아마 생전 마지막 인터뷰인 것 같다. 도저히 몸을 가누기 어려워 전화로 나눈 인터뷰는 절절했지만 원망의 그림자도 없고 비난의 화살도 찾을 수 없었다. 그는 양반이었다. 그냥 뭉뚱그려 파란만장이라고 했고 왕따 당했다는 말도 입에 올리지 않았다. 필화사건이라 칭했다.

마광수 필화사건(본인 표현)인지 『즐거운 사라』 사건인지 마광수 외설 사건인지, 아니면 뭐라 하든 문단에선 지식사회에선 볼 수 없는 사건이기에 다시 음미할 필요가 있다. 결론삼아 하는 말이지만 두고

두고 기억하고 후대에 남겨야 할 사건이다. 법정에서 가려진 사건이기에 시시콜콜 당사자와 피해자의 변도 들어야 할 일이지만 피해자는 갔고 당사자 말은 찾을 길 없고 몇몇 매체에 등장했던 말로 대체하는 수밖에 없다. 곱씹을수록 말도 안 되는 사건이다.

말도 안 되는 이유 첫째, 『즐거운 사라』가 책으로 나온 때는 1991년. 그리고 강의실에서 강의 도중 체포된 게 1992년 10월. 그런데 책으로 나오기 전 이미 1990년 월간지에 연재됐던 것이다. 월간지에 연재될 땐 문제 안 삼더니 책으로 나오니 외설이라는 말인가. 한꺼번에 읽을 분량이니 문제라는 건가. 말도 안 되는 이유 둘째, 항소심에서 검찰 측 증인으로 나선 두 교수가 마광수 죽이기에 나섰다. 아니 『즐거운 사라』 죽이기에 언사를 보탰다. 한 교수는 즐거운 사라를 '법적 폐기물'이라 단정했다. 다른 교수가 한 말이 참으로 가관이다. 이렇다. "어떤 비정상적인 청소년이 이 책을 읽고(사라의) 성행위를 반복적으로 실천한다면 범죄행위를 할 수 있는 가능성도 없지 않다" '비정상 청소년'이 '성행위를 반복 실천'하면 '범죄 가능성'이 있다는 말. 유치원 애들이 개콘에서 해도 이보다는 잘 하겠다. 말도 안 되는 이유 셋째, 그래서 마광수를 잡아넣어서 뭐가 달라졌나. 『즐거운 사라』를 철창에 넣어서 우리나라 성범죄가 줄었나. '비정상 청소년'들이 '성행위를 반복적'으로 실천해 '범죄 행위'를 저질렀다는 증거라도 있는가. 정치인이나 유명 인사들의 성범죄를 보라. 기가 막힐 노릇이다.

그러나 정작 마광수를 죽인 건 주변 사람들의 배신, 질시 등이었다는 게 마 교수를 아는 사람들의 증언이다. 말로 다할 수 없음은 마 교수 파동에 말려 대학에서 쫓겨난 제자의 입을 통해서도 들은 바 있다.

『즐거운 사라』가 나온 지 26년이 됐다. 마 교수 추모 글이 인터넷에 줄을 잇는다. 과거처럼 색마 등 변태 취급 일변도에서 확실히 변했다. 그러면서 아직 금서로 묶여 있는『즐거운 사라』를 금서 목록에서 풀어야한다는 주장에도 힘이 실리고 있다. 금서에서 풀린다면 마 교수의 명예회복도 가능하지 않나하는 추측도 해본다.

한 지인이 말했다. 우리 사회에는 도덕성이라는 고압선이 도처에 있어, 그 고압선에 걸리는 작가들은 예외 없이 감전사했다고. 작품 하나, 한 구절만 가지고 외설 운운하는 것은 시대착오적이다. 이 '시대착오적 감전사' 사건을 우리는 덮어놓고 있었다. 맨홀 뚜껑이 가스에 튕겨 나가듯 마광수 가스가 과거를 봉인한 문단 적폐를 날리는 계기가 되기를 바란다.

2017년 9월 14일 - **독서신문 1631호**

'카톡 백일장'을 제안한다

스마트폰 중독을 얘기하는 건 새삼스럽다. 통계가 나올 때마다 중독 수치가 높아지는 게 눈에 띈다. 최근 한 영어교육 전문업체가 20~30대 남녀를 상대로 조사한 결과, 두 명 중 하나는 중독이라고 스스로 밝혔다. 스마트폰을 과하게 사용하느냐는 질문에는 여자가 더 높은 응답률을 보였다. 그리고 스마트폰이 없으면 불안증세를 느낀다는 응답도 많았다.

한 가지 재미있는 질문이 있었다. 어떤 어플리케이션(앱)이 자신의 삶을 획기적으로 편리하게 만들었나 라는 질문이다. 1위가 카카오톡이다. 2위는 카카오버스 3위 카카오택시다. 금융거래 서비스앱도 상위에 올랐다.

까똑~ 울리는 카톡은 2030뿐 아니라 남녀노소를 가리지 않는 최고 채팅 수단이 된지 오래다. 간편한 대화는 물론 문서를 주고받고 사진도 공유할 수 있으니 편리한 것은 말할 필요도 없다. 스마트폰으로 사진을 찍어대는 이유도 카톡 때문이라는 말이 틀린 게 아니다. 요즘 젊은 여자들 맛집 음식이 나오면 스마트폰 카메라부터 갖다 댄다. '공유'라지만 자랑하고픈 이유도 있다.

그 전파성, 확산성, 영향력을 수치로 나타낸 자료는 없지만 어쨌든 카톡은 전 국민 문자 놀이터다. 전 국민 사진관이요 모든 이들의 앨범이 됐다.

카카오측에 제안한다. 카톡의 어마어마한 파급력을 독서 또는 읽기 또는 짧은 글 짓기 등의 문화 놀이터로 만들어 볼 의향은 없는가.

당장 떠오르는 아이디어는 카톡을 이용한 전 국민 백일장, 이른바 카톡 백일장이다. 소설을 카톡으로 할 수는 없고 다소 제한된 분량으로 시(詩) 또는 시조를 올리면 어떤가 하는 것이다. 초등부 중등부 고등부 대학일반부 등으로 나누든가, 주부 대상으로 한다든가, 학생만 참여시킨다든가 하는 방법도 있을 것 같다. 카톡으로 올리는 기술적 방법이나(필요하다면)심사 같은 것은 당장 논의할 것은 아니지만 카톡 백일장을 하겠다는 의지만 있다면 우리 IT 기술이 그까짓 것 못하겠나.

카카오 측으로서는 스마트폰에 빠져 책을 멀리하는 학생 젊은이들에게 글을 쓰고, 책을 한 줄이라도 읽게 할 수 있는 기회를 만들어 준다는 점에서 환영을 받을 만하다. IT업체와 손을 잡는 것도 방법이겠다.

스마트폰에 빠져있는 뇌를 팝콘 브레인이라고 한다. 마치 팝콘처럼 속이 비었고 만지면 부서질 것 같은 허약함을 상징하는 말이다. 지금 학생이나 젊은이들이 팝콘 브레인이 될까 두렵다. 우리나라가 이처럼 살게 된 바탕은 전 국민의 희생 등이 있었지만 더 자세히 들여다보면 분명 독서가 크게 자리를 차지하고 있다. 한강의 기적 주인공들은 학창 시절 책을 많이 봤던 세대다. 책 말고는 별다른 취미거리가 없기는 했지만 책을 읽어야 한다는 사회적 분위기는 지금보다 절박했다.

상상만 해도 손에 든 스마트폰에 톡톡 글을 쓰는 모습은 보기 좋다. 엄지 백일장이라고 해도 좋을 것 같다. 시가 됐든 시조가 됐든 글을 쓰는 것은 그만한 분량의 상상력을 요한다. 그 상상력의 바탕은 독서다. 독서와 글쓰기가 선순환처럼 돌아갈 것 같다.

이런 것도 카카오 측은 생각해보기 바란다. 책 속의 재미있는 한 줄, 멋진 구절 등을 직접 올리게 하면 어떨까. 책 한권이라도 경품을 내걸면 응모가 좀 되지 않을까. 출판사도 구미가 당기는 일이 되겠다. 스마트폰 중독이 '읽기 사망'에 이르기 전, 학생 젊은이들이 아예 책을 안 읽는 '책맹'이 되기 전, 어른들이 뭐가 됐든 대책을 내야 한다. 그게 어른이 할 일이다.

2017년 10월 31일 - **독서신문 1634호**

늙어서 독서, 10년은 더 산다

독서가 치매를 막는다! 이런 연구 결과는 아직 없는 것 같다. 그러나 독서가 건강한 노년을 보내는 데 큰 도움이 된다는 연구 사례는 세계적 장수국 일본에서 찾을 수 있다. 일본에서도 기대수명이 가장 긴 곳은 야마나시현이다. 이곳 사람들의 건강한 장수에 대한 연구가 이어졌다. 운동이나 식습관은 다른 지역과 별 차이가 없었다. 결정적 차이는 인구당 도서관 수다. 일본 NHK는 도서관에 가서 독서를 하는 노인들은 사회에 대한 이해의 폭이 넓고 타인과 대화와 교류도 활발하기 때문에 건강을 유지하는 데 도움이 된다고 분석했다. 세상과 소통하고 교류가 활발할수록 건강한 노년을 보낼 수 있다는 건 다른 나라에서도 여러 연구가 확인해주고 있다. 소통과 교류의 중요 수단이 바로 독서라는 설명이다.

『책을 읽으면 왜 뇌가 좋아질까? 또 성격도 좋아질까?』라는 책은 뇌인지 신경과학 이론으로 독서 효과를 증명해 관심을 끈다. 책의 주요 내용은 이미 독서신문을 통해 알려졌지만(2017년 9월) '사람이 독서를 할 때, 뇌 속에서 수많은 다양한 뇌 부위들이 그 기능별 개별성을 유지하면서도 동시적으로 협력해서 궁극적으로 총체적인 효과를 발휘한다는 주장은 독서의 정신 기능적 효과를 강조하는 관점에서 볼 때, 매우 고무적이 아닐 수 없다'라는 대목은 특히 눈길을 끈다. 저자 한상무 강원대 명예교수는 한 실험을 예로 들며 허구적 소설을 즐겨 읽는 독자들은 논픽션 독자들보다 사회적 상황에 대한 깊은 이해를 보여준다고 한다. 논픽션 독자들은 정보 제공에 중점을 둔 관념적 문제에 능숙한 반면, 소설 독자들은 공감의 체험과 이해를 통해 사회적 능력이 향상되고 직면한 사회문제를 깊이 이해할 수 있다고 말한다. 이를 볼 때 나이 들어서도 재미있는 소설을 손에서 놓지 않는다면 세상과 잘 소통할 수 있고 교류도 활발하게 할 수 있는 바탕을 만들 수 있으니 야마나시 노인들 부럽지 않을 것이다.

노인들에게 갑자기 독서를 강요할 수는 없다.(사실 돋보기부터 필요하다) 그러나 책을 가까이할 수 있는 분위기를 만드는 것은 독서의 출발점이요 노인 건강의 열쇠는 충분히 될 것이다. 우선 작은 도서관을 짓는 일이다. 저녁이 있는 삶, 문화가 있는 삶을 추구하기로 마음먹은 현 정부는 작은 도서관 확산에 당연히 힘을 쏟아야 한다. 도서관 신설이 어렵다면 기존 경로당이나 마을회관에 책을 구비해 독서환경을 만드는 건 어떨까.

또 하나, 책 읽는 노인은 손주들에게도 매우 좋은 영감을 줄 수 있다. 미국의 한 연구에 따르면 아이들은 부모 무릎에서 이야기를 들으면서 내용을 시각화한다고 한다. 또 2살 정도 아이들에게 책을 읽어주면 나중에 학교에서 높은 학습 능력을 보이는 것으로 밝혀졌다. 책 속의 낱말들이 평소 쓰는 말보다 다양해 인지능력 발달에 도움이 된다는 설명이다. 요즘 우리나라 부모들 바쁘다. 부모 대신해 어르신들이 손자 손녀를 어린이집이나 유치원에 데려다주고 데려오거나 유모차 끄는 모습은 이제 흔한 풍경이다. 그러니 할머니 할아버지가 손주들에게 책을 읽어주는 모습도 상상하기 어렵지 않다. 유모차만 끌어주지 말고 무릎에 앉히고 옛날 이야기하듯 책을 읽어주자. 손자 손녀 미래가 달라질 것이다.

2019년 5월 8일 - 독서신문 1653호

옳음

초판 1쇄 발행 2021년 1월 11일

지은이 방재홍
펴낸이 전형주, 전익균

기 획 백현서, 조양제
이 사 김영진
실 장 허태훈
편 집 김 정
관 리 이주용, 전이랑, 조성오
개 발 박수아
교 육 민선아
마케팅 팀메이츠

펴낸곳 도서출판 새빛, (주)아미푸드앤미디어
전 화 (02) 2203-1996 **팩스** (050) 4328-4393
출판문의 및 원고투고 이메일 svedu@daum.net
등록번호 제215-92-61832호 **등록일자** 2010. 7. 12

값 20,000원
ISBN 979-11-972966-1-1(03300)
* 잘못 만들어진 책은 구입하신 곳에서 바꾸어 드립니다.

이 도서의 국립중앙도서관 출판시도서목록(CIP)은 서지정보유통지원시스템 홈페이지(http://seoji.nl.go.kr)와 국가자료공동목록시스템(http://www.nl.go.kr/kolisnet)에서 이용하실 수 있습니다.(CIP제어번호 : CIP2020053927)